Entidades celestiales y adversarios infernales

Estudio bíblico de ángeles y demonios

Alejandro Ignacio Castro Baz

EDIQUID

ENTIDADES CELESTIALES Y ADVERSARIOS INFERNALES
Estudio bíblico de ángeles y demonios

Editado por: Corporación Ígneo, S.A.C.
para su sello editorial Ediquid
José Olaya 169, Ofic. 504, Miraflores. Lima, Perú
Primera edición, octubre, 2024

ISBN: 978-612-5160-86-7
Tiraje: 50 ejemplares

Hecho el Depósito Legal en la Biblioteca Nacional del Perú N° 2024-10649
Se terminó de imprimir en octubre de 2024 en:
ALEPH IMPRESIONES SRL
Jr. Risso Nro. 580 Lince, Lima

www.grupoigneo.com
Correo electrónico: contacto@grupoigneo.com | Teléfono: +51 955 071 270
Facebook: Grupo Ígneo | X: @editorialigneo | Instagram: @grupoigneo

Colección: Pensamiento

Contenido

Introducción

Uno de los temas más controvertidos es el de los ángeles. Siempre nos hemos preguntado por estos enigmáticos personajes, mientras se nos dan diferentes razonamientos sobre ellos: desde que son seres espirituales creados por Dios, hasta que son extraterrestres que vienen en naves espaciales. Pero ¿cuál es la realidad de estas criaturas? La respuesta la podremos encontrar estudiando su verdadero origen, la verdad de las cosas se descubren desde su nacimiento; por ejemplo, cuando se da una pandemia, los científicos lo primero que hacen es buscar al paciente cero, así conocerán el inicio del problema, cómo lo adquirió y la composición del virus, a partir de esta información crearán un agente para combatirlo. Por lo tanto, todo conocimiento se da por su origen, de esta forma evitamos especulaciones y datos erróneos.

Hoy día, existe una gran variedad de creencias y mitos sobre los ángeles: personas que los invocan, les ponen nombre, les acreditan milagros, les piden favores, etc. Dichas teorías no están comprobadas, pero se publican en las redes sociales asegurando ser una verdad absoluta, sin presentar pruebas de su veracidad. Tienen ideas falsas sobre su forma, los visten con ropas exóticas y exuberantes, les ponen caras estilizadas y los hacen ver hermosos. La pregunta sería ¿tienen forma? ¿Los han visto? Si retrocedemos al siglo IV, vemos que los artistas los pintaban como personas; para el siglo V, les ponían alas, pero son solo expresiones artísticas: los representaban como humanos para identificarlos con nosotros, y al ver que eran espirituales les pusieron alas como símbolo de libertad y demostrar su superioridad al poder volar, de esta forma creaban una expresión artística que pudiéramos entender.

La respuesta al misterio de los ángeles la encontraremos en su origen, por supuesto, surge la pregunta: ¿dónde buscar el origen de los ángeles? No tenemos contacto con ellos, ni dónde encontrarlos, por lo que tomando la primicia de que son seres creados por Dios, llega a nosotros otra pregunta, ¿dónde está la verdad de Dios? La respuesta está en la Biblia, los escritos más ntiguos de los que se tienen conocimiento.

Al buscar las sagradas escrituras me encontré con tres tipos diferentes de libros: los textos sagrados de los hebreos, la Biblia cristiana protestante y la Biblia católica, por lo que tenía que decidir con cuál de estos escritos hacer el estudio. Entonces, busqué la más completa. Los textos Hebreos solo contemplan el Antiguo Testamento, y los ángeles aparecen tanto en el Antiguo como en el Nuevo Testamento, por lo que solo me quedaban dos opciones. Encontré que la Biblia cristiana protestante tiene 66 libros con 1136 capítulos, 39 del Antiguo Testamento y 27 del Nuevo Testamento, mientras que la católica posee 73 libros con 1189 capítulos, 46 del Antiguo Testamento y 27 del Nuevo Testamento.

La palabra Biblia proviene del griego Biblos (Βύβλος) que quiere decir 'papiro', donde deriva la palabra Biblion (βιβλία) que quiere decir 'libros' o 'conjunto de libros', siendo el nombre ideal para el sagrado libro: la Biblia relata 1600 años de historia escrita por 40 autores diferentes, contiene 1189 capítulos escritos principalmente en hebreo y arameo. El canon bíblico se acepta por primera vez en el año 405 con el papa Inocencio I, y se aceptan 73 libros de los cuales 46 son del Antiguo Testamento y 27 del Nuevo Testamento.

El presente libro tiene tres grandes divisiones: los ángeles de Dios, que describe las tres tríadas con sus nueve cortes angelicales; los ángeles caídos y demonios, desde su rebelión, su participación en la tierra y su derrota final; y los ángeles del Apocalipsis, la participación de ángeles y demonios, sus batallas y la caída de Satanás al abismo.

Debido a que, dentro de las sagradas escrituras, no existe un libro dedicado a este tema, se realizó una investigación donde se mencionan ángeles y demonios en los diferentes libros de la Biblia, por lo tanto todo lo descrito aquí está basado única y exclusivamente en citas Bíblicas y evita caer en cualquier tipo de controversia.

El libro que se usó para la siguiente investigación es *Sagrada Biblia* revisada por el padre Eloíno Nácar Fúster y el obispo Alberto Colunga Cueto, impresa en noviembre y diciembre del año 1969 en los talleres de la Editorial católica S.A., en la ciudad de Madrid, España, y perteneciente a la biblioteca de autores cristianos.

Espero que este libro aclare las dudas, descubra las verdades de ángeles y demonios, y sirva de guía para saber realmente qué podemos y qué no debemos de hacer.

El principio

Para poder entender el inicio del estudio de los ángeles, debemos investigar a tres personajes esenciales y tratar de descubrir su relación entre ellos: san Pablo de Tarso, Dionisio Areopagita, y seudo-Dionisio.

Cabe aclarar que san Pablo es conocido como el decimotercer apóstol, ya que él no fue uno de los 12 apóstoles de Jesús, entonces ¿quiénes fueron los verdaderos 12 apóstoles? Te los menciono a continuación, así como sus causas de muertes, pues el único que tuvo una muerte natural fue san Juan, autor del Apocalipsis, y fue quién cuidó a la Virgen María madre de Jesús y a María Magdalena, después de resucitar Jesucristo. Los 12 apóstoles son:

Pedro, pereció crucificado de cabeza; Santiago el anciano, quien murió decapitado; Andrés, que fue crucificado en forma de «X»; Bartolomé fue despellejado vivo; Santiago el Menor feneció crucificado; Judas Iscariote se suicidó en la horca; Judas Tadeo murió con flechas; Mateo sucumbió con una espada en el corazón; Felipe pereció ahorcado; Simón el Zelote fue crucificado; Tomas falleció con una lanza en el vientre; Juan tuvo una muerte natural.

Entonces, ¿por qué a san Pablo se le conoce como apóstol? Veamos su historia.

San Pablo de Tarso

Su nombre verdadero era Saulo, nacido en Cilicia en el año VIII de la era cristiana. Perteneciente a una familia judía de la diáspora, fue educado como rabino por Gramadel el Viejo, aprendió hablar griego, latín, hebreo y arameo. Terminando sus estudios se convirtió en un acérrimo perseguidor del cristianismo, ya que estos se consideraban una secta herética del judaísmo. Participó en varias lapidaciones y asesinatos de cristianos, salió rumbo a Damasco para continuar con su persecución, pero en el camino y en pleno desierto fue cegado por una luz y llevado al cielo (2 Cor. 12:2-7), cuando se levantó estaba ciego y convertido en la fe de Jesucristo. Luego describe que el mismo Jesús lo convirtió al cristianismo.

Llegó a Damasco donde permaneció 3 días sin comer, beber y ciego, pasados los 3 días recuperó la vista y se retiró al desierto haciendo más fuerte su fe en Jesús. Luego regresa a Damasco a predicar la palabra de Jesucristo, por lo que se vuelve un enemigo a los ojos de los judíos, los cuales le ponen guardias para evitar que salga de la ciudad y así poder capturarlo. Sus discípulos, una noche lo escondieron en un cesto y lo bajaron por los muros de la ciudad para poder escapar. Se dirigió a Roma para encontrarse con los discípulos de Jesús, para luego iniciar su vida de predicación.

Su palabra fue escuchada en ciudades como Tarso, Antioquia, Anatolia, Galatia, Macedonia, Acaya, Filipos, Atenas y otras más. En el año 60 d.C. Félix de Cesarea lo atrapó y encarceló. Después de 2 años de prisión lo trasladaron a Roma, donde fue liberado, pero en el año 66 lo vuelven a tomar prisionero y 3 años más tarde murió decapitado.

Unirse a los apóstoles de Jesús y hacer vida de predicación es lo que lo lleva a convertirse en el decimotercer apóstol.

Dionisio Areopagita

Nació en Atenas dentro de una familia pagana, estudió astronomía y filosofía. Después, se trasladó a Egipto para realizar estudios de matemáticas. Al regresar a Atenas, es nombrado juez del tribunal supremo también conocido como el Areópago, más tarde se casa con una mujer de nombre Damaris. Una vez, estando en una ciudad de Atenas llamada Acaya, escucha una predicación de san Pablo, y fue tanta la impresión que le causaron las palabras del apóstol que Dionisio y Damaris se convirtieron en sus discípulos dejando atrás la vida que llevaban (Hec. 17:34), años más tarde el mismo san Pablo lo nombró obispo de Atenas y en el año 95 murió decapitado por soldados romanos.

Aquí ya tenemos la conexión que existe entre San Pablo y Dionisio, al ser Dionisio discípulo de San Pablo es probable que el apóstol le reveló su visita al cielo y las visiones que ahí tuvo, entre ellas el conocimiento de las cortes angelicales y las tríadas que las componen.

Seudo-Dionisio

Monje y místico bizantino que nació en el año 580 y murió en el año 672. Fue discípulo de Proclo, por lo tanto, tuvo una educación neoplatónica. Este monje escribió 3 libros: De los nombres de Dios, Sobre la jerarquía celeste y Sobre la jerarquía eclesiástica. Dio a conocer la gran espiritualidad y la parte mística de San Pablo, creando lo que se conoce como una teología negativa cuyo significado es «Dios siempre está más allá», lo que también se puede interpretar como que las palabras de los humanos no logran atrapar el misterio divino, de esta forma busca unificar la teoría Neoplatónica con el cristianismo.

Pues aquí encontramos la conexión entre Dionisio Areopagita y seudo-Dionisio, pues este monje firmaba sus escritos como Dionisio, ya que, en su segundo libro, revela los conocimientos que Areopagita obtuvo de san Pablo, describiendo el conocimiento sobre los ángeles.

Así que, podemos concluir que el conocimiento de los ángeles se le reveló a san Pablo cuando fue llevado al cielo, que este transmite su conocimiento a Dionisio Areopagita, y 500 años más tarde esta sabiduría es compartida al mundo a través de un monje bizantino en un libro titulado Sobre la jerarquía celeste.

Sin embargo, otra duda llega, ¿cómo obtuvo la información tan exacta el monje bizantino? Tenemos que recordar que tanto san Pablo como Dionisio eran hombres letrados con una alta preparación, ambos hablaban varias lenguas, sabían leer y escribir perfectamente. Lo que pudo haber sucedido es que el monje, por alguna razón, encontró los escritos o tuvo acceso a ellos, hizo la traducción y los presentó como un libro, pero respetando la verdadera autoría de los mismos, por lo que omite su nombre y firma como Dionisio.

Los ángeles de Dios

Aquí iniciamos nuestro estudio de ángeles, la visión de san Pablo nos dice que son 9 cortes angelicales divididas en 3 tríadas: la primera tríada y más cercana a Dios se compone de serafines, querubines y tronos; la segunda tríada se compone de dominaciones, virtudes y potestades; y la tercera tríada que es la más alejada de Dios pero más cercana a los hombres se compone de principados, arcángeles y ángeles. Tenemos que tomar en cuenta que los ángeles fueron creados por Dios como un ejército. Los creó con su aliento, como lo menciona el Salmo 33, versículo 6. Asimismo, debemos tomar en cuenta que no son criaturas de Dios sino creaturas de Dios, pues él no los crio ni los educó, los creó como una legión de obediencia a su palabra.

Cada corte de ángeles cuenta con millones de seres espirituales, menos los arcángeles que solo son 7, pero el arcángel Miguel tiene todo un ejército para luchar contra Lucifer y sus tropas como se verá más adelante.

Serafines

Estos ángeles se mencionan en el libro del profeta Isaías, capítulo 6 versículos del 2 al 7, donde nos dice que observa serafines que tienen 6 alas: con dos cubrían sus rostros; con dos, cubrían sus pies; y, con dos más, volaban. También, se dice que daban voces de alabanza a Dios diciendo: «Santo, santo, santo, es el señor de los ejércitos, llena está toda la tierra de su gloria». Uno de los serafines se acercó a él, con un carbón encendido tocó sus labios y le dijo que se han perdonado todos sus pecados. Asimismo, el apóstol san Juan los menciona en el libro del

Apocalipsis capítulo 4 versículo 8, donde describe ángeles de 6 alas, todas cubiertas de ojos por dentro y por fuera, y que día y noche daban cantos de alabanza a Dios diciendo: «Santo, santo, santo es el señor Dios, el todopoderoso, el que era, el que es y el que ha de venir».

De aquí podemos concluir que los Serafines son ángeles cuya principal finalidad es dar cantos de alabanza a Dios, que tienen el poder de curar los pecados de un ser humano y darle el don de profetizar, que son seres de 6 alas, las cuales están cubiertas de ojos por dentro y por fuera, que dos alas las usan para ocultar sus rostros, con dos ocultan sus pies y con dos vuelan.

Querubines

Estos ángeles pertenecientes a la segunda corte de la primera tríada y aparecen en el libro del Génesis donde nos dice que, cuando Dios expulsó a Adán y Eva del Paraíso, puso un querubín de flameante espada a cuidar las puertas del mismo (Gen. 3:24). En el libro del Éxodo se nos dice que Dios pidió a Moisés guardar los libros y las tablas de los diez mandamientos en un arca y que en su tapa deberá poner dos querubines dando órdenes precisas de cómo deberán de ponerse (Exo. 25:18-19). Más adelante, en el mismo libro del Éxodo, Dios le dice a Moisés que deberá de construir en la entrada del recinto donde se encuentra el arca con 3 telas diferentes entretejidas figurando querubines (Exo. 26:31).

En el segundo libro de Samuel nos platica que David fue liberado por Yavé del ejército de Saúl y, entonces, David tiene una visión donde ve a Dios cabalgando sobre querubines en el cielo (Sam. 22:11). El Salmo 18 expresa que Dios subió sobre querubines y voló por el cielo (Salm. 18:10). En el segundo libro de Reyes, se explica que Jerusalén fue liberada del ejército de Seraquebin, y Ezequiel lleva las cartas de los mensajeros al altar y en la oración comienza diciendo: «Yavé, tú que te sientas sobre los Querubines» (2 Re. 19:15).

En el libro de los Hebreos se habla del primer pacto de Dios con el hombre, y ambos van donde se encontraba el arca de la alianza y confirman la presencia de querubines en su tapa (Heb. 9:5).

Hasta aquí hemos visto la función que tienen los querubines, pero las citas bíblicas más controvertidas sobre ellos, es cuando nos describen su forma.

El libro de Ezequiel nos dice que, estando este en las orillas del río Kabar, ve repentinamente como el cielo se abre con un fuego resplandeciente y, entre el fuego, logra visualizar a cuatro querubines: cada uno tenía dos pares de alas, con dos cubrían su cuerpo y con dos volaban; que tenían brazos de hombre pero pies de toro; y su cabeza era con cara de humano al frente, cara de león a la derecha, cara de toro a la izquierda y cara de águila en la parte posterior. Junto a cada querubín había una rueda color turquesa que en su interior contenía otra rueda, y las ruedas estaban cubiertas de ojos por dentro y por fuera, así como poseían espíritu de vida. Cuando las alas se movían hacían un ruido fuerte como de río caudaloso y cuando se detenían se escuchaba un estruendo (Ezeq. 1:4-20).

En otro pasaje, Ezequiel comenta que los Querubines también estaban llenos de ojos en su cuerpo, alas y todo su contorno, siempre rodeados de fuego (Ezeq. 10-12). Aquí habría que tomar en cuenta que Ezequiel al describir las ruedas al pie de los querubines dice una frase importante: «Y las ruedas tienen espíritu de vida», es decir, las ruedas no forman parte de los querubines, más bien funcionan como compañía y son entes independientes. La pregunta sería, ¿quiénes son entonces? Pues, la respuesta viene más adelante.

Por lo tanto, podemos afirmar que los querubines son los ángeles que cuidan las pertenencias de Dios en la tierra, como las puertas del Paraíso y el arca de la Alianza; que sobre ellos se mueve Dios en el cielo como lo describe el segundo libro de Samuel, el segundo de Reyes, y el Salmo 18; y que su forma es la de un ser de fuego, con una espada de fuego; que tiene cuatro alas –con dos cubren su cuerpo y con dos vuelan–; tienen brazos de hombre y patas de toro, y su cabeza se compone de humano, león, toro y águila; y que todo su cuerpo y sus alas, por dentro y por fuera, están cubiertas de ojos, como lo describe el libro de Ezequiel.

Tronos

Estos ángeles pertenecientes a la tercera corte de la primera tríada aparecen en el libro de Colosenses, donde nos mencionan que dentro de la creación Dios también creó a los ángeles y menciona cuatro cortes angelicales, entre ellas se menciona a los Tronos (Col. 1:16). En el libro de Daniel, se describe que un anciano abre el libro del día del juicio y, entre las visiones, ve las ruedas de fuego con otra rueda en su interior y que eran millones de millones de estas ruedas (Dan. 7:9-10).

De estas dos citas bíblicas podemos deducir que los tronos son ángeles creados por Dios, que tienen forma de rueda y, por lo que describe Ezequiel, podemos decir que una rueda está dentro de otra cubiertas de ojos por dentro y por fuera, con alas y rodeadas de fuego. Por lo descrito por Daniel y Ezequiel, se puede concluir que querubines y tronos se conjuntan para crear lo que algunos teólogos llaman la carroza de Dios, ya que es donde Dios se mueve en el cielo como se vio anteriormente.

Dominaciones

Estos ángeles perteneciente ya a la segunda tríada y primera corte. Solo se encontraron dos citas que los mencionan: la primera, en el libro de Colosenses, mismo que cuenta como son parte de la creación de Dios junto a los tronos (Col. 1:16); y la segunda, en el libro de los Efesios donde nos dicen que cuando Jesucristo resucito se encuentra sentado sobre todo principado, potestad, poder y dominación (Ef. 1:19-21). Por lo tanto, sabemos que fueron creados por Dios y que existen, pero desconocemos realmente su forma y misión. Sin embargo, tenemos una clave muy importante que nos deja Santo Tomás de Aquino, y que nos servirá como referencia cuando se hable de las dominaciones. Santo Tomás cuando se refiere a ellos dice: «Las dominaciones son administradores, que vienen a ser príncipes y no reyes, porque solo rey es Dios».

Virtudes

Son los ángeles pertenecientes a la segunda corte de la segunda tríada, al igual que las dominaciones solo se encontró una cita bíblica donde se habla de ellos. En la primera epístola de Pedro se nos dice que, después de la muerte de Jesús, las virtudes y potestades fueron sometidas a Jesucristo (1 Pe. 3:22).

Pero, algunos teólogos y estudiosos del tema, indican que son los ángeles que cuidan las 7 virtudes dadas al hombre, las cuales son: humildad, generosidad, castidad, paciencia, caridad, templanza y diligencia. De esta forma, nos ayudan a no caer en los pecados capitales, aquellos que van en contra de las virtudes, estos son: soberbia, Avaricia, lujuria, ira, gula, envidia y pereza.

De hecho, los artistas del renacimiento los representan como un ser que tiene la pura cabeza y alas como representación de que se apoyan sobre los hombres y los ayudan a evitar, de esta forma, la tentación.

Potestades

Llegamos a la tercera corte de la segunda tríada. En la epístola de los efesios los menciona, pero nos da una revelación muy fuerte: aquí nos habla de la grandeza de Dios y la de Jesucristo, quienes se encuentran sentados sobre toda potestad, dominación y principado (Ef. 1:19-21). Se nos da entender que de estas tres cortes salieron ángeles rebeldes que decidieron seguir a Lucifer, más adelante, en este libro de los efesios, se nos habla de la multiforme sabiduría de Dios y que fue notificado a principados y potestades en los cielos (Ef. 3:10). Si nos aclara que estas dos cortes están en los cielos, quiere decir que solo parte de ellos se rebelaron, y no toda la corte de esos ángeles.

En el libro de los Romanos nos dice que ni los ángeles, ni principados, ni potestades nos pueden separar del amor de Dios (Rom. 8:38-39), al separar la palabra ángeles de potestades y principados, nos está alumbrando que, de esas cortes, existen demonios. Aquí podemos concluir que las potestades existen y nos revela que parte de ellos se rebelaron y siguieron a la maldad.

Principados

Entramos a la primera corte de la tercera tríada, donde en el libro de los Efesios nos dice que Dios está por encima de todo principado y dominaciones en todos los siglos (Ef. 1:21), más adelante en el mismo libro nos dice que nos revistamos con la armadura de Dios para resistir contra las insidias del Diablo y nombra como tales a principados y a las potestades (Ef. 6:11-12).

En la segunda epístola de san Pedro, se nos revela que, a todos los principados que se revelaron, los encerró en las cavernas del Tártaro mientras viene el juicio (2 Pe. 2:4). Al referirse al Tártaro, por supuesto, se refiere al centro de la Tierra, por lo que los encerró en las cavernas del centro de la Tierra. En la primera de Corintios nos dice que al final de los tiempos Dios destruirá a todo principado y a toda potestad, catalogándolos como unos de sus grandes enemigos (1 Cor. 15:24-25).

De aquí podemos decir que los principados fueron creados por Dios y que un gran número de ellos se rebeló junto con Lucifer, pero también debemos de tener presente que Dios a todos estos ángeles rebeldes los encerró en las cavernas del Tártaro.

Para entender su función tenemos que analizar su etimología, la palabra principado viene del latín principatus que quiere decir «cargo o título de príncipe», y, por ende, es la cabeza de un grupo, el que da las órdenes; si analizamos la palabra «presidente» vemos que viene del latín presidere, que se traduce como «estar sentado al frente para proteger a los demás».

Por lo tanto, príncipe y presidente tienen la misma función, gobernar un pueblo, de aquí se deduce que un gobernante que conduce a su pueblo por el camino del bien y los hace vivir tranquilos está acompañado de un ángel principado, pero ¿qué pasa cuando un presidente lleva a su pueblo a la división, a la pobreza y al sufrimiento? Seguro pensarás que está acompañado de un demonio principado, pues resulta que no, ya que los principados que se convirtieron en demonios están encerrados en las cavernas del Tártaro y tomando las palabras de San Agustín: «Las dominaciones son administradores que vienen a ser príncipes y no reyes porque solo rey es Dios», se deduce que un presidente que crea división, sufrimiento, pobreza y miente, está controlado por un demonio de la corte de las dominaciones.

Arcángeles

Estos ángeles de la segunda corte y tercera tríada suelen ser muy representativos, pues poseen doble función: una la que hacen cerca de Dios y otra la que hacen cerca de los humanos. Con ellos, iniciaremos con una serie de datos importantes e interesantes.

De todos los ángeles que aparecen en la Biblia solo se mencionan 3 nombres, estos son: el arcángel Miguel cuyo significado en hebreo es «Quién como Dios» o «Todo el poder de Dios», el Arcángel Rafael que en hebreo significa «La medicina de Dios» y el Arcángel Gabriel que significa «El mensajero de Dios». También tenemos un dato importante sobre los cuatro nombres de los cuatro arcángeles restantes: en la ciudad de Palermo, Italia, entre los años 1520 y 1525, un sacerdote tiene una visión donde le son revelados los cuatro nombres de los arcángeles cuyas identidades no aparecen en la Biblia, estos nombres son aceptados por la iglesia pero con ciertas reservas, y son: Uriel («El fuego de Dios»), Sealtiel («Intercesor ante Dios»), Jehudiel («Remunerador de Dios») y Baraquiel («Alabanza a Dios»).

A todo esto tenemos que sumar otro relevante: si revisamos la etimología de arcángel nos vamos a encontrar que viene del griego argos, que significa «Jefe» y angelos, que significa «Mensajero». De aquí podríamos pensar que los arcángeles son jefes de los ángeles pertenecientes a la tercera corte tercera tríada.

Asimismo, ya que estamos hablando de nombres de los ángeles tenemos que dejar muy en claro que no podemos ponerle nombre a los ángeles, por la sencilla razón de que no nos pertenecen, no son nuestros, son de Dios y, aunque Dios nos haya puesto un ángel de la guarda (como se verá más adelante), siguen siendo de Dios y no nuestros, por lo tanto no podemos ponerles nombre.

Dicho esto, vamos a iniciar el estudio bíblico de arcángeles separando a cada uno por su nombre.

Arcángel Miguel

La epístola de san Judas dice el arcángel Miguel peleaba contra Lucifer por el cuerpo de Moisés, y que Miguel dijo: «Que el señor te reprenda» (Jud. 1:9). De aquí podemos sacar un dato relevante: Miguel no mata al demonio, solo lo derrota y sin mediar palabra deja que Dios imponga el castigo. En el Apocalipsis, se nos platica acerca de una batalla entre el arcángel Miguel y su ejército contra Lucifer y sus entidades, y cuando Lucifer fue derrotado Dios lo desterró del cielo y lo precipitó a la tierra junto con su ejército (Ap. 12:7-9), sucede lo mismo que en la cita anterior: Miguel y su ejército solo derrotan a Lucifer pero no los matan y Dios impone el castigo.

En el libro de Daniel se dice que después de 21 días de lucha de Daniel y su ejército contra Persia, se encontraba abatido y que vino el arcángel Miguel y derrotó a los persas (Dan. 10:13), más adelante Daniel dice que en el libro de la verdad está escrito: «Nadie me ayuda contra ellos sino es Miguel vuestro príncipe» (Dan. 10:21). De estas cuatro citas Bíblicas se deduce que el arcángel Miguel es un guerrero y que cuenta con un ejército, y que es y será siempre el que derrote a Lucifer y sus ejércitos.

Arcángel Gabriel

En el evangelio de san Lucas nos platica que estaba Zacarías ofreciendo incienso en el altar cuando se le aparece el arcángel Gabriel, Zacarías se llena de temor, pero Gabriel lo tranquiliza y le dice que Isabel, su mujer, dará a luz un hijo y que le debe poner por nombre Juan (Lc. 1:11-13), cabe aclarar que ese niño sería san Juan Bautista.

Más adelante, san Lucas nos platica que Gabriel se presenta ante María y le dice que está esperando un niño, que es obra del Espíritu Santo, que ese niño es el salvador y que le deberá poner por nombre Jesús (Lc. 1:26-38). Luego, san Lucas nos platica que Gabriel se presenta ante unos pastores, para anunciarles que ha nacido el salvador, les pide que vayan a adorarlo y les dice cómo encontrarlo, se unen a Gabriel muchos ángeles dando cantos de alabanza a Dios y se elevan al cielo (Lc. 2:8-14).

En el evangelio de san Mateo, nos dice que José, el esposo de María, no había convivido con ella y se entera que estaba esperando un hijo, no quiere delatarla pero maquinaba como repudiarla en secreto, cuando en sueños se le presenta el arcángel Gabriel y le aclara que el hijo de María es obra del Espíritu Santo, que ese niño será el salvador de los pueblos, que se encargará de expiar sus pecados (Mt. 1:18-25).

En el libro de Daniel, este nos dice que el arcángel Gabriel se presentó a Daniel para revelarle cómo será el final de los tiempos (Dan. 8:15-26). En el mismo libro, Daniel nos habla que un día se encontraba orando cuando se le presenta el arcángel Gabriel y le da 70 semanas para erradicar la inequidad y el pecado, ya que su pueblo será destruido (Dan. 9:20-27). Aquí tenemos 6 citas bíblicas en las que el arcángel Gabriel se encarga de dar importantes mensajes, inclusive en una de ellas revela su nombre, «Gabriel», por lo tanto es el ángel mensajero de Dios.

Arcángel Rafael

En el libro de Tobías capítulos 4 y 5 nos platica que Tobit estaba falleciendo y envía a su hijo Tobías a la ciudad de Ragués de Media a cobrar un dinero, la esposa de Tobit tiene miedo y le pide que no lo envíe, ya que tanto el camino como esa ciudad son altamente peligrosas, pero Tobit le aclara que no va solo, pues lo acompañara un ángel (Tob. 5:20-21).

De los capítulos 6 al 11 se narra el viaje de Tobías donde, en todo momento, es acompañado por un hombre que le indica el camino, le da de comer y de beber, e inclusive le ayuda a erradicar a un demonio de una mujer llamada Sara, la cual más adelante se casa con Tobías. Cuando regresan del viaje este hombre separa a Tobit y Tobías de los presentes para hablar con ellos, curó a Tobit de su enfermedad y les revela que su nombre es Rafael, que es uno de los siete arcángeles, que es un ángel enviado por Dios y parte del lugar (Tob. 12:1-21). De aquí podemos concluir que Rafael es un guía, custodio y sanador, y no se esconde ante los hombres.

Si la Biblia solo menciona a tres arcángeles y solo revela los nombres de esos tres arcángeles, ¿cómo saber que realmente son siete? Te daré a continuación tres citas bíblicas que nos aclaran esta duda; la primera es cuando Rafael le revela a Tobit y Tobías que él es uno de los siete (Tob. 12:1-21); en el Apocalipsis, san

Juan menciona las siete iglesias de Asia y de los siete espíritus delante del trono de Dios (Ap. 1:4-10); en el libro de Zacarías, se nos habla de siete espíritus de Yavé y que son los 7 ojos de Yavé que observan la tierra en toda su redondez (Zac. 4:10).

Finalmente podemos decir que existen siete arcángeles y que la Biblia solo menciona tres por nombre (Miguel, Gabriel y Rafael), que la iglesia acepta con ciertas reservas el nombre de los cuatro Arcángeles restantes debido a un sacerdote del siglo XVI que vivía en Palermo, Italia, y que sus misiones son muy específicas y dadas por Dios.

Ángeles

Hemos llegado a la tercera corte de la tercera triada, que son los ángeles más cercanos al hombre, en el salmo 91, que habla sobre la providencia de Dios sobre el justo, nos dice que Dios nos encomienda a los ángeles para evitar tropiezos y que nos cuiden (Salm. 91:10-12). En el evangelio de san Mateo, una predicación de Jesús habla de la dignidad de los niños y los ángeles que los cuidan (Mt. 18:10). En el libro de hechos de los apóstoles, san Pablo dice que un ángel se le apareció para informarle que estará cuidado por ángeles en la misión que estaba desempeñando (Hec. 27:23-24).

De estas citas, podemos inferir que todos poseemos ángel de la guarda asignado, pero debemos de tomar en cuenta ciertas características: son seres espirituales que nos guiaran para evitar que caigamos en la maldad espiritual, pero no en la terrenal, por lo tanto, no nos librarán de un accidente, un asalto o una acción física, más bien nos guiarán para evitar caer en las tentaciones que nos conducen al pecado; recordemos que Dios nos dio el libre albedrío, el cual es la libertad de actuar y el ángel de la guarda tratará de mantenernos cerca de la senda de Dios a la hora de actuar, pero si nosotros, por la causa que sea, decidimos tomar acciones incorrectas, nos alejaremos de Dios y nos acercaremos más a la maldad, dándole un triunfo más al Rey de las tinieblas, el cual es el demonio.

Muchas personas creen que solo el arcángel san Miguel es el ángel guerrero de Dios, cuando la realidad es que todo el conjunto de ángeles forman los ejércitos de Dios. En el Salmo 33 nos dice que Dios creó a su ejército con su aliento (Salm. 33:6). En el segundo libro de Samuel nos dicen que Dios manda un ángel el cuál levanta su mano y desde la ciudad de Dan hasta la ciudad de Beerseba mata a 70 000 hombres de peste, luego el ángel levanta nuevamente su mano para destruir Israel, pero Dios le pide que se detenga (2 Sam. 24:15-17).

En el libro de hecho de los apóstoles nos dice que san Pedro se encontraba preso por órdenes de Herodes de Agripa, quien pensaba ejecutarlo en la plaza pública, y a la mitad de la noche se le aparece un ángel, el cual lo libera de las cadenas y lo hace pasar por dos puertas custodiadas por romanos sin ser vistos, lo saca de la ciudad y el ángel desaparece (Hec. 12:6-11), y así como estas tres citas, la Biblia tiene más citas en que los ángeles aparecen actuando como guerreros, algunas veces para cuidar y otras para pelear. Lo que se deduce de esto es que todos los ángeles son guerreros de Dios, pero que el arcángel Miguel tiene un ejército el cual está destinado a pelear y derrotar a Lucifer y su ejército.

Resumiendo a los ángeles de Dios: son seres espirituales creados por Dios, por decisión de su voluntad divina, inmortales y dotados de inteligencia y voluntad; solo podrán ser vistos por los hombres si es la voluntad de Dios; siempre han provocado temor y respeto; la misión de los ángeles es amar, servir y dar gloria a Dios; son sus mensajeros; cuidan y ayudan a los humanos espiritualmente; son mediadores, custodios, protectores y ministros de la justicia divina; luchan con nosotros para evitar caer en el mal; el ángel de la guarda nos conduce al señor y presenta nuestras oraciones, no pueden sanar nuestras faltas pero nos enseñan a glorificar a Dios, proclamar su santidad y alabarlo, nos enseñan a servir al prójimo.

¿Qué es lo que no debemos hacer?

No debemos invocarlos, recordemos que los ángeles solo obedecen a Dios, por más que invoques a un ángel no te hará caso, y lo que puede suceder es que un demonio te haga creer que es un ángel y cuando tú le des entrada te provocará un problema grave.

No debemos ponerle un nombre: recordemos que no nos pertenecen, si tenemos un ángel de la guarda es por mandato de Dios, le pertenecen a Dios.

No debemos usarlos como amuletos, los ángeles no son magia ni hechicería, recordemos que un amuleto es un artículo que usamos supersticiosamente para atraer fortuna, salud o bienestar de algún tipo, un ángel jamás nos dará ese tipo de cosas.

No tengamos la falsa creencia de que una persona al morir se convierte en ángel, muchas veces al morir una persona muy bondadosa o un niño, la gente en busca de consuelo suele afirmar «ya se convirtió en un ángel». Esto es falso, cuando una persona muere trasciende de lo material a lo espiritual pero como humano, jamás cambia su esencia, por lo tanto, hay espíritus humanos que siguen siendo los hijos de Dios, y espíritus angelicales que son los guerreros del ejército de Dios.

Recordemos siempre que las imágenes que conocemos de los ángeles son expresiones artísticas, se pintan como humanos para que nos identifiquemos con ellos y aparecen con alas como el símbolo de la libertad de movimiento.

Una frase que siempre debemos de tener presente es: «Los ángeles son espíritus de Dios, creados por Dios, al servicio de Dios y que solo obedecen a Dios».

Ángeles caídos o demonios

Se les llama ángeles caídos a aquellos que se rebelaron contra Dios, y cuando Dios los arrojó del cielo y los precipitó a la tierra, se convirtieron en demonios, pues se llenaron de maldad y amargura. Ahora se mantienen en una lucha continua, buscando pervertir a los humanos, tratando de hacerlos caer en el pecado, para provocar dolor a Dios en la pérdida de sus hijos.

En este capítulo trataré de dejar claro donde comienza esa rebelión de ángeles, cómo fue la batalla y cómo cayeron a la tierra, cómo en algunos casos pervierten y en otros atacan a los humanos, y cómo protegernos de estas entidades oscuras y malignas.

En el libro de Ezequiel nos dice que Luzbel fue creado por Dios como un querubín y que fue enviado al monte santo de Dios, que fue perfecto desde su creación hasta el día que fue hallada en él la iniquidad (Ezeq. 28:13-16). Aquí Ezequiel nos dice que fue un ángel perfecto y superior a los demás.

Pero en el libro del profeta Isaías nos dice que Luzbel se llenó de vanidad, y comenzó a decir que elevaría su trono para sentarse en la profundidades de aniquilón (que quiere decir «arruinar eternamente») y que sería igual al altísimo (Is. 14:12-14). Podemos afirmar que el primer pecado desde la creación fue la vanidad. Después, Luzbel crea un ejército sacado de varias cortes Angelicales, y en el Apocalipsis san Juan nos dice que hubo una gran batalla en el cielo, que el arcángel Miguel y su ejército pelearon contra Luzbel y su ejército, el cual fue derrotado y que Dios los arrojó del cielo y los precipitó a la tierra (Ap. 12:7-9).

Luzbel, ya convertido en Lucifer, se transforma en serpiente para hacer pecar a Adán y Eva, le miente a Eva diciéndole que si come del fruto prohibido será como Dios, conocedores del bien y del mal, Eva come del fruto y le da a comer a Adán (Gen. 3:1-7), más tarde en el Génesis nos platican que el hombre comenzó a multiplicarse y tuvo hijos e hijas, y que los ángeles caídos, ahora convertidos en demonios, vieron hermosas a las hijas del hombre y tomaron a las que quisieron y las embarazaron, y de esas relaciones nacieron gigantes (Gen. 6:1-8).

Vamos hacer una pequeña pausa para hablar de un personaje bíblico, el cual es muy importante y ha causado mucha controversia, ya que vivió en carne propia la rebelión de los demonios en la tierra y lo dejó escrito, estamos hablando de Enoc.

Iniciemos por conocer quien fue Enoc: en el libro del Génesis nos dicen que Adán y Eva tuvieron un hijo llamado Set y que después tuvieron más hijos e hijas (Gen. 5:3-4), luego nos dice que de la descendencia de Set nació Jared, quien tuvo un hijo llamado Enoc, Enoc a su vez tuvo un hijo llamado Matusalén y éste engendró a Lamec quien fue el padre de Noé (Gen. 5:18-29).

Aquí encontramos que Enoc fue nieto de Set, el tercer hijo de Adán y Eva, y, a su vez, fue bisabuelo de Noé, pero dentro de esta descendencia que nos explica el Génesis aparece un dato muy importante, nos dice que Enoc vivió 365 años y que siempre anduvo en la presencia de Dios, tanto que desapareció solo porque Dios se lo llevó (Gen. 5:23-24).

San Lucas en su evangelio nos confirma la descendencia de Enoc (Lc. 3:37), en la epístola de san Judas Tadeo se nos dice que Dios profetizó desde los tiempos de Enoc que vendría a juzgar a los impíos (Jud. 1:14-15). En el libro de los hebreos nos confirma lo que dice el Génesis en el capítulo 5, donde afirman que Enoc recibió el testimonio de haber agradado a Dios y que no pasó por la muerte porque Dios se lo llevó (Heb. 11:5). Ahora que ya sabemos quién fue Enoc, hablemos de sus escritos.

En el desierto de Qumrán que se encuentra a orillas del Mar Muerto, entre Cisjordania y Jerusalén, se hallaron 972 pergaminos, y entre ellos había cinco pertenecientes a Enoc. Al juntar estos 5 escritos se formó lo que ahora se conoce como el libro de Enoc. La pregunta sería, si Enoc fue un personaje bíblico y un santo, ¿por qué su libro no se incluyó en la Biblia? Pues, porque se considera un libro apócrifo y gnóstico. Apócrifo es cuando un escrito no se puede probar que es de inspiración divina o auténtico, y Gnóstico es cuando llega en su contenido a tener ideas o creencias diferentes a la actual iglesia católica. Pero si consideramos el primer escrito de Enoc titulado «Los vigilantes», tenemos una referencia exacta de lo que nos dice la Biblia en el libro del Génesis capítulo 6 versículos 1 a 8.

Enoc nos dice que de los ángeles arrojados a la tierra, doscientos de ellos se juntaron en el monte Hermón y juraron llevar a cabo un plan de pecado en la tierra, pervirtiendo a los hijos de Dios. Tomaron a las hijas de los hombres y procrearon con ellas, quienes dieron a luz a grandes gigantes. Esos demonios enseñaron al hombre a trabajar el metal, los enseñaron a hacer armas y escudos, y luego nos dice: «Y se levantó mucha impiedad, y cometieron fornicación y fueron descarriados y se corrompieron en todos sus caminos». También nos dice que los hombres alimentaban a estos gigantes y, cuando ya no los pudieron alimentar más, los gigantes se voltearon contra ellos y los empezaron a devorar, y también comenzaron a devorar a las bestias de la tierra y a las aves del cielo. Al ver Dios tanta maldad entonces envía el diluvio universal.

Es importante considerar dos puntos muy significativos: si la Biblia nos dice que Enoc agradó a Dios y por eso se lo llevó, lo convierte en un hombre santo; y el segundo punto es que Enoc vivió en carne propia la caída de demonios, la época de los gigantes y sus escritos coinciden con lo que nos dice el libro del Génesis.

Existe una prueba de que existieron gigantes en la tierra, y es que en los últimos 100 años los arqueólogos han encontrado osamentas de gigantes cuya altura variaba de 3 metros hasta, en algunos casos, 5 metros, estos restos se han encontrado principalmente en Sudáfrica, en el desierto de Egipto a 100 kilómetros al noroeste del Cairo, en Turquía y en algunos otros lugares.

Antes de seguir el tema de los demonios, tenemos que considerar algunos puntos.

Desde el momento de la creación la primera batalla que hubo fue la de Lucifer y sus ejércitos contra el Arcángel Miguel y sus ejércitos; que el primer pecado que existió fue la vanidad de Luzbel; que el primer pecado en la tierra fue la mentira, cuando la serpiente le dice a Eva que si come del fruto prohibido será como Dios; el tercer pecado de la creación y primero del hombre fue la vanidad de Adán y Eva, al creer que serían como Dios; el cuarto pecado fue la desobediencia al comer del árbol de la vida; el quinto pecado fue la envidia de Caín al ver que su ofrenda no agradaba a Dios tanto como la de Abel; el sexto pecado fue el odio de Caín a su hermano; y el séptimo pecado desde la creación, y quinto del hombre, fue cuando Caín mató a Abel.

Como podemos apreciar, desde aquellos tiempos Lucifer y sus demonios ejercen la maldad sobre los humanos como venganza a Dios por haberlos echado del cielo, al precipitarse a la tierra se llenaron de maldad, amargura y crueldad, desde entonces existe una batalla espiritual contra Dios para mantener en pecado a sus hijos, llevando por la mala senda a mujeres y hombres por igual.

Los demonios tienen muchas formas de atacar, pero también tenemos muchas formas de protegernos de estos espíritus malignos y que nos fueron dadas por Dios, para ver y entender esto vamos a analizar varios pasajes Bíblicos.

Dios le hace una promesa de redención a Moisés y en el libro de Deuteronomio nos dice que Dios puso a los humanos la vida con el bien y la muerte con el mal y que están de testigos los cielos y la tierra de que nos ha propuesto la vida y la muerte, la bendición y la maldición, y nos da a escoger cómo queremos vivir nuestra vida y la de nuestra descendencia (Dt. 30:15-19). Si ponemos atención Dios nos está hablando del libre albedrío, nos está dando la libertad de escoger cómo queremos vivir, no nos obliga a nada, cada uno sabe si escoge la bondad o la maldad y por lo tanto la vida o la muerte, al darnos esta libertad nos está diciendo que nosotros podemos combatir a los demonios simple y sencillamente con nuestros actos.

El evangelio de san Lucas nos platica que, en una ocasión, Jesús mandó a 72 hombres a abrir y preparar el camino en diferentes ciudades, cuando estos regresan le dicen a Jesús que hasta los demonios se les sometieron, y Jesús les contesta que desde que los demonios cayeron como rayo a la faz de la tierra están sometidos (Lc. 10:17-20). Si todos los demonios fueron precipitados a la tierra y están sometidos a Dios, quiere decir que, si nosotros nos aliamos a Dios, los demonios no podrán hacernos nada.

En otro pasaje san Lucas nos platica que un sábado se encontraba Jesús en la sinagoga y de pronto llegó una mujer muy encorvada, Jesús la cura, los jefes de la sinagoga le reclaman porque curó a una mujer en sábado, pero Jesús los reprende y les contesta que liberó a esa mujer de la atadura de Satanás, quien la había tenido así durante 18 años (Lc. 13:10-17). De esta cita podemos concluir que si un demonio te somete espiritualmente, también lo puede reflejar en tu cuerpo haciéndote sufrir por muchos años o toda tu vida, y que la maldad que crea un demonio en tu corazón, también la puede reflejar el exterior con la fealdad de tu cuerpo.

En el evangelio de san Juan, el apóstol nos habla de una ocasión en que Jesús estaba rodeado por judíos que lo querían matar y lo negaban y a la vez le decían que ellos eran hijos de Dios e hijos de Abraham, pero Jesús les contesta que ellos tienen por padre al Diablo y que quieren hacer los deseos de ese padre, que el Diablo es homicida desde el principio y que no se mantiene en la verdad porque la verdad no está en él, que cuando habla de mentira habla de lo suyo propio porque él es mentiroso y padre de la mentira (Jn. 8:44-45). Nos está dando a entender que aunque una persona pertenezca a un grupo que sigue a Dios y él se considere bueno, si su forma de actuar tiene maldad en la realidad está siguiendo los engañosos consejos del Diablo y eso lo aleja de Dios.

En el evangelio de san Mateo nos dice que Jesús hablaba a la gente reunida y que les dijo que habrá un juicio final donde Dios pondrá a las ovejas a su derecha y a los cabríos a su izquierda, y que Dios dirá a los de la izquierda: «Apartaos de mí malditos, al fuego eterno, preparado para el Diablo y sus Ángeles» (Mt. 25:41), nos confirma Jesús que así como los demonios serán arrojados al abismo también sus seguidores, debemos de tomar en cuenta que quien crea y hace el mal, es seguidor de demonios.

En el evangelio de san Marcos nos platica que Jesús desembarcó cerca de un acantilado y ante él llegó un hombre que estaba poseído, cuando Jesús le pregunta al demonio que poseía a este hombre su nombre este le responde: «Legión, porque somos muchos», Jesús expulsa a los demonios de este hombre y los hace entrar a unos puercos que estaban en el lugar, en ese momento los puercos corren y se avientan por el acantilado, cayendo y ahogándose en el mar (Mc. 5:1-13), este mismo pasaje también lo encontramos en el evangelio de san Lucas (Lc. 8:30-33), sin embargo, en este pasaje podemos observar algo muy peligroso, si una persona le da entrada al Diablo este lo puede poseer con uno o, peor aún, con varios demonios.

En el segundo libro de Corintios nos dicen que el Diablo se disfraza para engañar y hacer pecar a la gente, en forma textual dice: «Pues estos falsos apóstoles obreros engañosos, se disfrazan de apóstoles de Cristo, y no es maravilla pues el mismo Satanás se disfraza de Ángel de luz» (2 Cor. 13:14). Esta cita Bíblica nos enseña que antes de realizar cualquier acción debemos de estar seguros de que no hacemos el mal, pues nos pueden engañar para hacer pensar que lo que hacemos está bien, y cuando descubrimos que fue un error, es demasiado tarde, recordemos siempre que Lucifer y sus demonios son los padres de la mentira.

En el libro de Colosenses nos habla de que todos los demonios salidos de la corte de principados y potestades fueron derrotados por Jesucristo en la cruz (Col. 2:15). Aquí tenemos que considerar primero que las fuerzas del mal y sus demonios siempre serán derrotados por Dios y segundo tenemos que recordar que, en la pasión de Cristo, el mismo Jesús tiene dos grandes triunfos: al momento de morir en la cruz, cargó con nuestros pecados para darnos salvación y cuando resucita es su triunfo sobre la muerte.

En la epístola de Santiago, Dios nos dice cómo resistirnos al Diablo, y la forma es muy sencilla: si nosotros permanecemos en Dios, el Diablo huirá de nosotros y Dios estará con nosotros (Sant. 4:7-8). No importa si tu carácter es débil, no importan los miedos que tengas, que si tu permaneces en la fe de Dios, Él estará contigo y ningún demonio se te podrá acercar.

En la segunda epístola de San Pedro nos dice que Dios no perdonó a los ángeles de la corte de principados que se rebelaron, y los encerró en las cavernas del Tártaro, teniéndolos reservados para el día del juicio (2 Pe. 2:4). San Pedro nos da una clave muy importante, si Dios los tiene reservados, quiere decir que durante el apocalipsis estos demonios serán soltados para cumplir una misión que Dios les tiene asignada, punto que se verá cuando se hable del apocalipsis.

En el libro de los Efesios nos dicen que tenemos que estar vestidos con la armadura de Dios, porque no es una lucha contra la carne y la sangre, es una lucha contra espíritus malignos (Ef. 6:11-12). En esta cita tenemos que entender que la armadura de Dios se refiere a la fe en Dios, que nuestra batalla no es terrenal: esto es un enemigo invisible que nos ataca, y esto lo da a entender cuando habla de espíritus malos de los aires.

Hagamos un resumen rápido de lo aquí descrito.

Dios creó un Ángel llamado Luzbel, el cual se llenó de vanidad y trato de ser igual a Dios, juntó un ejército formado por ángeles de otras cortes para revelarse a Dios, entonces hubo una gran batalla en el cielo entre Luzbel contra el ejército de Dios, liderado por el arcángel Miguel, en el cual triunfaron los ángeles de Dios, y Dios exilió a Luzbel y los suyos a la tierra, estos al caer se convirtieron en demonios, se llenaron de maldad, odio y crueldad y se hicieron el propósito de vengarse de Dios pervirtiendo a sus hijos, y desde entonces tratan de pervertir a mujeres y hombres, manteniéndolos en pecado. Pero Dios ha dado al ser humano la forma de defenderse y evitar caer en las tentaciones de los demonios.

¿Cómo atacan estos demonios?

Son buenos engañando y mintiendo, se disfrazan de buenos para manipular al hombre y llevarlo a la destrucción, te hacen sentir bien para arrastrarte al más profundo mal, todos estos demonios siguen siendo espíritus y eternos, pero sin la presencia de Dios, buscan apartar a los hombres del Señor, te dicen que te darán cosas buenas y con trampas te llevan al más profundo sufrimiento.

En este momento nos vemos obligados a reflexionar sobre lo que ocurre hoy en día, en pleno siglo XXI donde, en muchas ocasiones, parece que los demonios están ganando la batalla, debemos buscar cómo protegernos y cómo evitarlo.

Tenemos que recordar que Dios nos dio las armas para protegernos de los demonios, para mantener en la fe en Dios, y evitar caer en el mal.

Dios nos dio los 10 mandamientos, los 3 primeros son para mantenernos cerca de Dios y los otros 7 son para no caer en el pecado, vamos a analizarlos y reflexionar: el amar a Dios, no tomar su nombre en vano y santificar las fiestas nos mantiene cerca de Dios, y nos previene de las asechanzas del maligno, estos tres primeros mandamientos los tenemos que combinar con los otros siete que son los comportamientos que nos mantienen en el amor, el respeto y la vida recta que debemos de llevar para permanecer en la bondad, pero si analizamos lo que sucede hoy en día, nos percatamos que mucha gente roba, amenaza y hasta golpea a sus padres, mata, se llenan de lujuria etc., este comportamiento nos aleja de Dios, nos acerca al mal y, por ende, a Satanás, tenemos que recordar que los mandamientos fueron dados para llevar una vida digna y buscar la presencia de Dios.

Dios nos regaló las 7 virtudes que nos ayudan a llevar una vida pacífica, sencilla que nos permite preparar nuestro espíritu para la vida eterna, pero recordemos que estamos en la tierra donde se encuentra Lucifer y sus demonios, con su maldad, buscando hacernos caer en el mal, por eso crearon los 7 pecados capitales, con ellos buscan darnos un placer físico pero pasajero y arrastrarnos lejos de Dios.

Siempre debemos tener presente que Dios nos enseña el amor y construir un mundo mejor, y los demonios solo nos enseñan el odio y la destrucción.

¿Qué es lo que no debemos hacer?

Evita manejar la hechicería, brujería, magia negra, magia blanca, rituales que tengan que ver con la muerte, satánico, o invocación a los muertos.

Este tipo de prácticas abre puertas o puentes entre la vida física y espiritual, por donde puede pasar un espíritu. Puedo garantizarte que no es bueno, pero esto no quiere decir que no haya espíritus buenos entre nosotros. Analicemos. Según los psíquicos y algunos estudiosos de lo paranormal, cuando una persona muere siempre su espíritu se desprende del cuerpo y no siempre se va; puede ser que permanezca un tiempo entre nosotros por varias razones: porque tiene algo pendiente que lo inquieta, porque fue una muerte inesperada y repentina, o porque fue una muerte violenta. Algunos estudiosos del tema aseguran que también puede ser porque no se han percatado que han muerto. Pero una vez que han resuelto su inquietud, que han aceptado su muerte por violencia o repentina, o se han dado cuenta que están muertos, se van. Un espíritu que se ha ido jamás regresa, mientras que un demonio siempre está tratando de estar con nosotros para poder llevar a cabo su plan contra Dios.

Por ningún motivo juegues con la ouija. Este artefacto es un tablero con letras y números sobre el cual se coloca un apuntador, para invocar o recibir mensajes de espíritus, se tiene el conocimiento que un dispositivo con un apuntador se usaba en la dinastía Song en China 1300 años antes de Cristo.

Además, los historiadores han encontrado que en la antigua Grecia lo usaba Pitágoras para tener conocimientos de lo invisible y que se transmitían por espíritus, esto en el año de 540 antes de Cristo. También se sabe que en el año 340 antes de Cristo, los chinos lo usaban para comunicarse con espíritus inquietos.

En el siglo XIX, un hombre llamado Elijah J. Bond cambió su diseño y el 28 de mayo de 1890 la registró como suyo y lo patentó. Comenzó a venderlo a fabricantes de juego de mesa, lo que lo hizo popular y fácil de conseguir hoy en día. Algo que es seguro es que se desconoce su origen; no se sabe quién la invento o de donde salió, pero un dato importante es que tanto el papa Benedicto XVI como el exorcista Gabriel Amorth advierten de no jugar con estos apuntadores porque son satánicos. Esto se debe a que se tienen muchos casos en todo el mundo de personas que quedan poseídas después de jugar con este artefacto. Asimismo se tienen registros de fenómenos paranormales muy intensos en lugares donde se llevaron a cabo estas prácticas. Por lo tanto, no debes de tener, jugar y hacer uso de estos artefactos.

No debes de orar, rezar o venerar a la santa Muerte. Esta es una trampa. Recordemos que en el libro de Deuteronomio nos dice que Dios nos puso a la vida con el bien y la muerte con el mal (Dt. 30:15-19). También debemos tener presente que Dios es vida. Por lo tanto, si lo contrario a la vida es la muerte, lo contrario al bien es el mal. Asimismo el utilizar la palabra «santa» es una trampa para confundirnos. Santo o santa es aquel que durante su vida renuncia al pecado, sigue a Cristo con fe para encontrar la gracia de Dios.

A su vez, la iglesia Católica nunca ha canonizado a la muerte, ya que iría contra Dios y sería una herejía. Una cosa es que la gente crea que es santa y otra que realmente lo sea. Llamarla santa es una trampa para confundirnos y acercarnos a ella. Lo más preocupante son los datos que obtienen los investigadores de este tema: en México es seguida por entre 10 y 12 millones de personas, y también tiene seguidores en algunas partes de Latinoamérica y Estados Unidos. Se ha encontrado que los ladrones, asesinos, criminales, narcos o gente que busca una venganza, no le pueden pedir la protección a Dios y, por lo tanto, recurren a esta figura, cayendo en una forma herética del catolicismo popular.

Existe un tema que preocupa a muchos, que causa mucho temor y angustia a otros, y esto es la posesión demoníaca. Trataré de explicar brevemente en qué consiste y cómo evitarla. Además, hablaremos de cómo un demonio ataca y afecta directamente a las personas, cómo protegernos y qué hacer si ya se dio el ataque.

Iniciemos el tema con los seres inhumanos. Se les llama así porque durante su existencia jamás tuvieron un cuerpo. Dios creó a los Ángeles como espíritus, cuando un grupo de ellos se reveló los arrojó a la tierra como espíritus. Por lo tanto, los demonios son entidades no humanas o inhumanos, atacan a las personas o a los objetos con la finalidad de relacionarse con el mundo físico.

- La infestación: es la acción de un demonio sobre un lugar, objeto o animal con el objetivo de perturbar a una persona, molestarla y llevarla al desánimo y la desesperación. Cuando una infestación ataca directamente a la persona, esta escucha voces y tiene visiones perturbadoras sin una causa aparente.

- La obsesión: esta acción demoníaca ocurre cuando una persona siente una gran atracción hacia alguien o algo, a tal grado que la atrapa por completo a pesar de que vaya contra su voluntad. Además, la persona experimenta fuertes dolores corporales, pensamientos obsesivos, arrebatos de odio, ira, desesperación e ideas suicidas.
- La vejación: se trata de un ataque directo al cuerpo de la persona, afectando su salud y bienestar sin motivo alguno. Al debilitar el cuerpo de la persona, debilita su seguridad y lo convierte en una presa fácil para ser poseído.
- La posesión: esta es la acción más fuerte y agresiva del demonio. Sucede cuando entra al cuerpo de la persona y lo domina, tomando el control sobre sus acciones. Aunque el espíritu no puede tocar el alma de la persona, sí puede controlar las expresiones faciales y los movimientos corporales.

Veamos un ejemplo para entenderlo mejor: imagina que te subes a tu coche para ir a cualquier lugar. En un semáforo, alguien abre la puerta del lado contrario al tuyo y se sube a tu coche junto a ti. Este individuo es fuerte y grande y se recarga en ti apretándote contra la puerta de tu lado mientras te amenaza con un cuchillo. Con su pie, aprieta el acelerador y va muy rápido, atropellando gente, chocando a otros autos y cometiendo muchas infracciones. Tú tratas de evitarlo pero no puedes; él tiene el control.

Ahora imagina que tú eres el espíritu, tu coche tu cuerpo y el hombre el demonio que te invade. ¿Cuál fue tu error? No poner el seguro del coche y no llevar la ventana cerrada. Pues con tu cuerpo pasa lo mismo: un demonio te invade, te das cuenta que haces y dices cosas en contra de tu voluntad, pero no puedes hacer nada porque el control de tu cuerpo lo tiene el demonio. la pregunta sería, ¿cuál fue tu error? Pues no asegurarte: el tener fe en Dios, seguir sus preceptos y mantenerse cerca de él, es el equivalente a llevar la ventana cerrada y el seguro puesto de tu coche. Recuerda siempre que si estás con Dios, el demonio no se te acercará.

Pero surge otro punto: ¿qué hacer cuando un ser querido, cambia su comportamiento y crees que puede estar poseído? Si quieres ayudar a alguien que sospechas tiene este tipo de problema, lo primero que debes de hacer es una revisión médica, hasta descartar que el origen sea médico. La posesión suele confundirse con la esquizofrenia, así que se debe acudir a un psicólogo. Esta enfermedad es causada porque el cerebro deja de producir una sustancia llamada dopamina. Puede ser por herencia, algún trauma infantil, o por exceso del uso de marihuana. En algunos casos, también puede deberse a daño cerebral causado por un golpe, un pequeño derrame o un tumor. Primero, descarta la parte médica. Si has agotado los recursos médicos, deberás de llamar a un sacerdote. Él acudirá a revisar al paciente, realizará algunas pruebas y hará un informe, el cual presentará al obispo, quien deberá de autorizar la realización del exorcismo.

¿Qué es un exorcismo? Es un rito en que el sacerdote trata de contactar con el demonio provocando su enojo, para luego expulsarlo de la persona afectada. Tiene que ser una persona preparada, dedicada a Dios, y seguirá las oraciones según el «Ritual de exorcismos» dictado por la iglesia.

Ángeles y demonios en el apocalipsis

Nos disponemos a entrar a un tema muy controvertido. Aquí veremos las batallas que habrán de suceder al final de los tiempos entre ángeles y demonios, como el ser humano se alía a Dios o a las fuerzas del mal, y conoceremos por primera vez la ira de Dios.

Apocalipsis es una palabra griega que significa «revelación». Este libro fue escrito por el apóstol san Juan en el año 100 d.C. Este apóstol era obispo de Éfeso, pero en el año 96 fue desterrado por el emperador romano Domiciano y llevado a la isla de Patmos, donde escribió este libro antes de su muerte. El libro describe el final de los tiempos, donde Dios juzgará a los hombres. Queda clara la imposibilidad de escaparse de la lucha y el sufrimiento en el plano terrenal, y nos da la victoria final de Cristo resucitado, derrotando definitivamente al pecado y a la muerte.

El libro empieza diciendo que es una revelación que da Jesucristo por medio de un ángel (Ap. 1:1). Esto es que el mismo Jesucristo nos previene de lo que ha de suceder y envía a un ángel a san Juan para revelar dichos acontecimientos.

Luego, el ángel le dice a Juan que el mensaje está dirigido a las siete iglesias que hay en Asia. Este mensaje está dado por «el que era y el que viene» y por los siete espíritus delante de su trono (Ap. 1:4). Aquí tenemos 3 puntos interesantes: cuando nos dice «el que era y el que viene» se refiere a Dios mismo; cuando habla de los siete espíritus delante del trono de Dios, se refiere a los siete arcángeles; y cuando menciona las siete iglesias de Asia, es porque en aquel tiempo esa región estaba ocupada por siete pueblos o ciudades, las cuales son: Éfeso, Esmirna, Pérgamo, Tiatira, Sardes, Filadelfia y Laodicea. De aquí en adelante, cada vez que el Apocalipsis se refiere a las siete iglesias o a los siete pueblos son estos que se acaban de mencionar.

Luego, san Juan ve siete estrellas y delante de ellas siete candeleros de oro. Nos revela que las siete estrellas son los ángeles de las siete iglesias y que los siete candeleros son las siete iglesias (Ap. 1:20). Aquí se afirma que cada iglesia o pueblo tiene un ángel con una tarea específica.

En los capítulos 2 y 3, se describe que cada ángel de cada una de las iglesias o pueblos lleva un mensaje dictado por Dios, veamos brevemente cada uno de estos mensajes:

- El Ángel de la iglesia de Éfeso les dice que, aunque el pueblo aborrece a los malos, ellos mismos han caído en la maldad. Les pide que se arrepientan de esa maldad o Dios moverá ese candelero de su lugar, pero si cambian les dará del árbol de la vida (Ap. 2:1-7). Si dios habla de mover el candelero y el candelero representa al pueblo, quiere decir que el pueblo será destruido. Sin embargo, si se arrepienten de sus malos comportamientos, dice que les dará del árbol de la vida, o sea serán bendecidos con la paz y el amor de Dios.
- El Ángel de la iglesia de Esmirna habla y dice que Dios conoce las blasfemias de los que se dicen judíos y no lo son, porque son de la sinagoga de Satán. Ellos arrojaron a la prisión a los buenos, pero les pide a esos buenos que se mantengan en la fe en Dios, y se les dará la corona de vida (Ap. 2:8-11). La corona de vida se refiere a la vida eterna en presencia de Dios.
- El Ángel de la iglesia de Pérgamo habla y expresa que

los buenos moran en el trono de Satán y los toleran, permitiéndoles poner tropiezos a los hijos de Israel de las doctrinas de Balaam y Balac. También, toleran las doctrinas de los Nicolaítas. Sin embargo, el ángel les pide que se arrepientan y ya no toleren estas cosas y que Dios los premiara con el maná escondido (Ap. 2:12-17). Aquí, Dios les dice que han sido muy tolerantes con los malos, rompiendo las leyes de Balaam y Balac (quienes fueron reyes de Israel, su historia está en el libro de los Números, capítulos 22 a 24) y siguen a los Nicolaítas (personas que pervierten las costumbres morales y religiosas). Dios les pide que se arrepientan y les dará del maná escondido (maná era el pan que Dios dio a los israelitas durante su travesía en el desierto, según el libro de Éxodo).

- El Ángel de la iglesia de Tiatira comenta que es un pueblo bueno, pero han dejado que Jezabel pervierta al pueblo para fornicar y alabar ídolos. Les pide que se arrepientan o permanecerán en la muerte. Pero si se arrepienten, les dará el poder sobre las naciones (Ap. 2:18-29). Esto indica que el un pueblo se dejó pervertir por Jezabel (una princesa de origen fenicio, cuya historia está en los libros de Reyes). Al decirles que, de seguir así, los hará permanecer en la muerte, los está condenado al sufrimiento eterno, pero si se arrepienten les dará el poder sobre las naciones se refiere a que los hará reyes de los siete pueblos.
- El Ángel de la iglesia de Sardes dice que tienen nombres de vivos, pero están muertos. Sin embargo, algunos no han manchado sus vestiduras. A ellos y a los

que se arrepientan, caminarán con Jesucristo vestidos de blanco y no se borraran sus nombres del libro de la vida (Ap. 3:1-6). La promesa a la que se refiere Dios es la resurrección con Jesucristo y la vida eterna a su lado.

- El Ángel de Filadelfia expresa que han abierto una puerta porque teniendo poco poder guardaron la palabra de Dios y no negaron su nombre. Sobre ellos escribirá el nombre de la ciudad de Dios, la nueva Jerusalén (Ap. 3:7-13). La nueva Jerusalén es la ciudad que Dios construirá en el cielo después del final de los tiempos, como se verá más adelante.
- El Ángel de Laodicea explica que no son ni fríos ni calientes, sino tibios. Dicen que son ricos y de nada tienen necesidad, sin darse cuenta que en realidad son desdichados, miserables, ciegos, desnudos e indigentes, pero que si se arrepienten los hará sentarse a lado del trono de Jesucristo (Ap. 3:14-22). Aquí se refiere a que la riqueza que poseen es material, pero con un espíritu muy pobre. Debería ser al contrario, ya que lo que se llevarán al morir es el espíritu.

Es importante poner mucha atención a estos 7 mensajes. Aunque están dirigidos a los pueblos de Asia, tienen una doble función: primero, Dios está dando una oportunidad para corregir el camino antes de lo que va a suceder; segundo, estos 7 mensajes son aplicables a cualquier hombre o mujer del planeta que quiera acercarse a Dios.

Hasta aquí hemos visto todas las revelaciones y visiones de san Juan antes de lo que será la destrucción final. Debemos de poner atención a lo que sigue, ya que san Juan tiene dos visiones que advierten que todo inicia. Después aparecerá el libro de los 7 sellos, la primera parte de tres de lo que será la destrucción.

Esta primera parte es la destrucción del hombre por mano del hombre.

La primera visión es que ve el trono de Dios, del cual salen relámpagos, voces y truenos. Delante del trono, ve 7 lámparas que arden, son los 7 espíritus de Dios (Ap. 4-5). Los 7 espíritus de Dios se refieren a los 7 arcángeles rodeados de fuego.

La segunda visión muestra cuatro ángeles poderosos que dan alabanza a Dios (Ap. 4:6-10). Estos cuatro ángeles podrían ser los que aparecen al abrir el séptimo sello, como veremos más adelante.

En el capítulo 5 es cuando inicia todo.

San Juan ve el trono de Dios y, a la derecha, un libro escrito por dentro y por fuera con 7 sellos. Ve que sale un ángel hermoso pregonando a gran voz: «¿Quién será digno de abrir el libro y soltar sus sellos?» (Ap. 5:1-2).

Sin embargo, se aclara que el único capaz de abrir los sellos es el Cordero, y abre el primer sello (Ap. 6:1). Cuando la Biblia se refiere al Cordero está hablando de Jesucristo, por lo tanto él es el único digno de abrir los sellos. Al abrir el primer sello, sale un jinete con un arco y se le da una corona, montado en un caballo blanco (Ap. 6:2). Según algunos teólogos y estudiosos, este conjunto de símbolos representan muerte de hombres con una peste, pero hay una frase clave en esta cita que dice: «Salió vencedor y para vencer aún». Al referirse a peste, está hablando de una epidemia, y al decir «salió vencedor», quiere decir que mata a muchos, y al agregar «por vencer aún», se refiere a que seguirá matando.

Al abrir el segundo sello, sale un jinete montando un caballo bermejo al que le fue dada una espada y se le concede desterrar la paz de la tierra para que las personas se degüellen los unos a los otros (Ap. 6:3-4). Esta cita es muy clara, nos advierte que habrá grandes guerras.

Cuando abre el tercer sello, sale un jinete con una balanza en la mano, montando un caballo negro, y habla de trigo, cebada, aceite y vino (Ap. 6:5-6). Este sugiere que habrá grandes hambrunas en el mundo.

Se abre el cuarto sello y sale un jinete en un caballo bayo. El jinete tenía por nombre «Mortandad» y lo acompaña el infierno. Se le da el poder de matar a la cuarta parte de la tierra con espada, hambre y peste (Ap. 6:7-8). Nos está diciendo que se están combinando los acontecimientos de los tres sellos anteriores.

Aquí vale la pena hacer una pausa para reflexionar varios puntos. Primero, ¿quiénes son estos cuatro jinetes? Pues, podrían ser cuatro demonios que vienen a confirmar la maldad del hombre, o, quizás, cuatro demonios que incitan al hombre a su propia y final destrucción. Si ponemos atención a la ciencia, nos daremos cuenta que en laboratorios tienen virus que podrían causar una epidemia a nivel mundial; las guerras son creadas por humanos; y las grandes hambrunas provocadas por la avaricia de muchos.

Segundo, si está hablando de que va a matar a la cuarta parte de la tierra, y al día de hoy existen casi 8 mil millones de personas, quiere decir que en ese lapso de tiempo morirán en promedio 2 mil millones de personas.

Tercero, si ponemos atención en lo descrito en el cuarto sello, nos percatamos que al abrir el segundo sello no ha terminado el primero. Por el contrario, se van acumulando de tal forma que al llegar al cuarto sello y tener a la vez pandemias, hambrunas y guerras, el mundo estará convertido en un caos de muerte.

Cuarto, aunque el tiempo de duración de estos acontecimientos no son mencionados, es un hecho que durarán muchos años, ya que al abrirse el quinto sello dice que sigue el sufrimiento.

Cuando se abre el quinto sello, san Juan ve las almas de los que habían sido degollados. Clamaban a Dios, preguntándole hasta cuando parara ese sufrimiento, y Dios les responde que callaran y esperaran hasta completar el número de siervos y hermanos que también morirán como ellos (Ap. 6:9-11). Esta cita revela un acontecimiento muy fuerte, ya que nos dice que las almas de los muertos seguían sufriendo, y que seguirá habiendo muerte en los vivos.

Cuando se abre el sexto sello, viene un gran terremoto. San Juan dice que es tan intenso que moverá las montañas y los lagos de su lugar, y que ricos, poderosos y siervos libres se esconderán en las cuevas y en las peñas de los montes para protegerse de la cólera del Cordero (Ap. 6:9-17). Tenemos que imaginar la magnitud del terremoto para cambiar la geografía del lugar, lo que nunca menciona san Juan es donde será dicho evento, ni cuánto durará, pero el apóstol tiene una visión de lo que sucederá antes de romperse el séptimo sello.

San Juan nos describe a cuatro ángeles, uno en cada punto cardinal de la tierra. Observa un quinto Ángel que sube sobre el oriente y le dice a los cuatro ángeles que detengan los vientos y no destruyan nada hasta haber sellado a todos los siervos de Dios en sus frentes (Ap. 7:1-3). En esta cita tenemos que considerar dos puntos importantes: primero, imaginar el poder que Dios otorgó a estos cuatro ángeles para tener la fuerza de destruir parte de la tierra; y segundo, si estos cuatro ángeles pudiesen ser los cuatro arcángeles que no se mencionan anteriormente en la Biblia.

Luego nos dice que se rompe el séptimo sello y se hace un silencio total de aproximadamente media hora (Ap. 8:1). Se podría pensar que este silencio absoluto es el aviso de que ha pasado la primera tribulación.

En el capítulo 8, describe la preparación para hacer sonar las trompetas. Las primeras cuatro trompetas traen destrucción al hombre por la mano de la naturaleza; las siguientes dos trompetas traen los primeros ejércitos de demonios que causan dolor, sufrimiento y desolación a los seres humanos. Veamos.

La primera visión es que aparecen 7 ángeles delante del trono de Dios y se les entrega una trompeta a cada uno (Ap. 8:2). Luego, sale un ángel con un incensario y lo llena de fuego, para arrojarlo sobre la tierra y producir voces, relámpagos y temblores. Los siete ángeles de las trompetas se disponen a tocar (Ap. 8:3-6).

El primer ángel tocó la trompeta y cayó fuego y granizo mezclado con sangre, abrasando la tercera parte de la tierra (Ap. 8:7). Científicamente, se puede decir que la tierra será golpeada por la cola de un cometa, ya que es la forma de que caiga del cielo granizo con fuego (piedras incandescentes) y que abarque la tercera parte del planeta.

El segundo ángel tocó la trompeta y es arrojado en el mar como una gran montaña ardiendo en llamas. Mueren la tercera parte de las criaturas del mar y la tercera parte de naves fue destruida (Ap. 8:8-9). Esta cita se puede percibir como una gran erupción volcánica, de dimensiones catastróficas y que contaminará gran parte de los océanos.

El tercer ángel tocó la trompeta y cae del cielo un astro grande ardiendo como tea, el nombre del astro es Ajenjo y contamina la tercera parte de ríos y lagos (Ap. 8:10-11). Nos está dando una pavorosa información: un cometa o asteroide golpea la tierra, y nos da el nombre. En la actualidad, no se le ha dado este nombre a un cuerpo espacial, pero el ajenjo es una planta medicinal muy amarga y es posible que a esto se refiera san Juan: por este impacto, las aguas serán amargas y los humanos no podrán beberlas.

El cuarto ángel tocó la trompeta y se oscurecen la tercera parte del sol, la luna y las estrellas. Además, ve un águila que, a grandes voces, se compadece de los hombres por las tres trompetas que han de venir (Ap. 8:12-13). En este pasaje se podría pensar que al impactarse un cuerpo celeste con la tierra, la nube que en forma de humo y polvo hará que no se vean el sol, la luna y las estrellas.

El quinto ángel tocó la trompeta y una estrella cae del cielo y abre un abismo. De él salen langostas con colas de escorpión para herir y dañar a los hombres que no tienen el sello de Dios en sus frentes. El sufrimiento será tan grande que desearán morir pero no morirán, y a esas langostas las acompaña un rey que por nombre en hebreo es Abaddón y en griego Apolyon (Ap. 9:1-12). Aquí nos da una clave importante, ya que Abaddón en hebreo quiere decir «Ángel de Satanás exterminador» y Apolyon en griego significa «Rey de las langostas infernales», por lo tanto se deduce que las langostas son el primer ejército de demonios que se presenta con la única finalidad de crear dolor y sufrimiento a todos aquellos que no son de Dios.

El sexto ángel tocó la trompeta. Dios ordena soltar a los cuatro ángeles que estaban atrapados sobre el río Éufrates, los cuales salieron con un ejército de caballería de dos miríadas de miríadas para dar muerte a la tercera parte de los hombres. Describe la forma de caballos y jinetes, siempre acompañados de fuego y azufre (Ap. 9:13-21). Tratemos de entender esta cita: si Dios tenía atrapados a cuatro ángeles en el río Éufrates, es porque seguramente eran ángeles que se habían revelado a Dios, o sea demonios. Esta teoría se refuerza al ver que su ejército traía fuego y azufre, al mencionar «dos miríadas de miríadas» se refiere a un ejército de 200 millones, y darán muerte a la tercera parte de los hombres. Si en el cuarto sello murieron 2 mil millones de personas, quedan solo 6 mil millones. Si este ejército matara a una tercera parte, quiere decir que morirán otros 2 mil millones de personas.

Una vez cumplida la misión de la sexta trompeta, san Juan tiene una visión que será la preparación de la última trompeta. El apóstol ve un ángel poderoso envuelto en una nube, con el arco iris rodeando su cabeza, y en la mano traía un libro pequeño. Puso un pie en la tierra y el otro pie sobre el mar, y con poderosa voz ruge como un león. En ese momento, hablaron los siete truenos con sus propias voces. Cuando san Juan se disponía a escribir, una voz del cielo le dice que no escriba y selle los mensajes de los siete truenos, y el ángel, dando alabanza a Dios, agrega que cuando suene la séptima trompeta se habrá cumplido el misterio de Dios como lo anunció a los profetas (Ap. 10:1-7). Esta cita es muy clara, y solo quedan dos preguntas sin respuesta: ¿por qué Dios le pide a san Juan no revelar los secretos de los siete truenos? ¿Qué tipo de mensajes son para no poder ser escuchado por los hombres?

El séptimo ángel tocó la trompeta, en ese momento se oyeron en el cielo grandes voces que decían: «Llegó el reino de Dios y de su Cristo sobre el mundo, y reinarán por los siglos de los siglos», se abrió el cielo y se ve el arca del testamento. Hubo relámpagos, rayos, voces, granizo fuerte y un temblor (Ap. 11:15-19). Así es como termina la segunda tribulación.

Hasta este punto, hemos visto la destrucción del hombre por su propia mano, la destrucción del hombre por las fuerzas de la naturaleza y dos ejércitos de demonios que vienen a dar tormento, dolor, sufrimiento y muerte a los hijos de Dios. Sin embargo, falta la que podría ser la tribulación más fuerte: la ira de Dios. Para nuestra sorpresa, veremos cómo los hombres dan la espalda a Dios y retan a sus ejércitos, pero Dios, con su infinita bondad, nos da dos advertencias más de lo que habrá de suceder y la oportunidad de corregir el camino.

San Juan ve un ángel en medio del cielo que trae consigo el evangelio eterno para pregonarlo a los moradores de la tierra, a toda nación, tribu, lengua y pueblo. Les pide que adoren a Dios y le den gloria, porque llegó la hora de su juicio (Ap. 14:6-7). Esta es la primera advertencia y oportunidad que da Dios al hombre para arrepentirse.

Luego, ve un segundo ángel que avisa que Babilonia ha sido destruida, esta era la ciudad que daba vino y fornicación (Ap. 14:8). Esto es que Dios ha quitado tentaciones al hombre para ayudarlo a corregir el camino.

Sale un tercer ángel pregonando a fuerte voz que quien adore a la Bestia o a su imagen, y reciba la marca de la Bestia en la frente o en la mano, beberá de la copa de la ira de Dios (Ap. 14:9-11). Dios está condenando a aquellos que traen la marca de la Bestia, pero ¿cuál es esa marca? La marca se da a conocer en el capítulo anterior, donde dice que a los hombres les fue dado infundir espíritu en la imagen de la Bestia, y que su marca se imprimía en la mano derecha o en la frente. Nadie puede comprar o vender si no trae la marca, su nombre es el 666 (Ap. 13:15-18).

Y, ¿qué significa este número? Existen muchas teorías al respecto. Unos lo relacionan con nombres bíblicos; otros, con diferentes acontecimientos en las sagradas escrituras. Pero, partiendo de la primicia que no pueden comprar y vender sin la marca, y que debe estar en la mano o en la frente, cabe la posibilidad que esta marca se refiere a la «Clave Única de Registro de Población», conocida como CURP. Veamos por qué.

La CURP es una clave a nivel mundial y se compone de 18 caracteres divididos en 3 grupos de 6 (666). Si se realiza un microchip con tu CURP, se pueden almacenar todos tus datos personales como identificación personal, acta de nacimiento, domicilio, cuentas bancarias, etc. Este microchip se puede insertar perfectamente en el dorso de la mano o en la frente. Así, al vender, solo se escanea tu mano y se deposita; o si vas a comprar de la misma manera se escanea tu mano y se descarga el monto a pagar. Incluso si vas a viajar, con un escáner aparecen tus datos incluyendo pasaporte y visa.

De hecho, ya se están haciendo pruebas en algunos voluntarios de otras partes del mundo. Desde luego, esta es una teoría más, pero a mi personal consideración la más factible.

Luego, san Juan tiene las visiones que anteceden a las 7 copas de la ira de Dios.

San Juan dice que vio a siete ángeles que tenían siete plagas postreras, con ellas se consumirá la ira de Dios (Ap. 15:1). Después, ve que se abre en el cielo el templo de Dios, y salen 7 ángeles, que traen las siete plagas, a los cuales les fueron entregadas las siete copas de oro llenas de cólera divina (Ap. 15:5-7).: En ese momento se escucha una gran voz que le dice a los ángeles: «Id y derramad la siete copas de la ira de Dios sobre la tierra» (Ap. 16:1).

Antes de continuar, debemos considerar un punto muy importante: la destrucción del hombre no será ni por su propia mano, ni por mano de la naturaleza, sino que será por la ira de Dios. Y, dado el infinito poder de Dios, puede suceder cualquier cosa inimaginable y sin explicación científica, teológica o de cualquier otra índole.

El primer ángel derramó su copa sobre la tierra, y sobrevino una úlcera maligna y perniciosa sobre los hombres que traían la marca de la Bestia y que se postraban ante su imagen (Ap. 16:2). Esto podría interpretarse como una úlcera de origen desconocido que hará mucho daño, pero solo a aquellos que traen la marca de la Bestia, pero ¿qué quiere decir con postraban ante su imagen? Recordemos que la Bestia tiene muchas formas, entre ellas está el dinero, se podría referir a aquellos que se postran ante las riquezas terrenales.

El segundo ángel derramó su copa sobre el mar, y este se convirtió en sangre como de muerto, y murió todo ser viviente del mar (Ap. 16:3).

El tercer ángel derramó su copa sobre los ríos y las fuentes de las aguas, y también se convirtieron en sangre. El Ángel decía: «Justo eres tú, el que es, el que era, el santo, porque así has juzgado» (Ap. 16:4-5). En este punto, el ser humano no tiene agua para beber y no puede pescar ni navegar: todas las aguas están contaminadas.

El cuarto ángel derramó su copa sobre el sol, y los hombres fueron abrasados con el fuego, tenían grandes ardores, pero no se arrepintieron y blasfemaron el nombre de Dios (Ap. 16:8-9). Esto se puede interpretar como una explosión solar de gran magnitud que abrasa la tierra. Lo que es inaudito es que los hombres lejos de clamar perdón a Dios y arrepentirse, blasfeman contra él.

El quinto ángel derramó su copa sobre el trono de la Bestia, y su reino se cubrió de tinieblas. El dolor era tan fuerte que se mordían las lenguas, pero seguían blasfemando contra Dios y no se arrepentían (Ap. 16:10-11). El trono de la Bestia podría atribuirse al anticristo y al Falso Profeta, Dios derrama su ira directamente sobre ellos y sus seguidores.

El sexto ángel derramó su copa sobre el río Éufrates y este se secó de tal forma que quedó listo el camino para los reyes terrenales. De la boca del Dragón, de la Bestia y del Falso Profeta salieron tres demonios para juntar a los reyes de la tierra y sus ejércitos para la gran batalla del final de los tiempos (Ap. 16:12-14). Esta cita nos está proporcionando una revelación sumamente fuerte: nos dice que reyes y ejército de humanos se juntan con los ejércitos de los demonios para pelear la gran batalla contra los ejércitos de Dios, conocida como la batalla del Armagedón.

Pero en lo que estos ejércitos se concentraban se derrama la séptima copa. El séptimo Ángel derramó su copa sobre el aire y salió del templo una gran voz que decía: «Hecho está».

Y en ese momento hubo relámpagos, voces, truenos y un gran terremoto, tan grande como nunca había sucedido desde que existen los hombres en la tierra (Ap. 16:18). Más adelante agrega: «Huyeron todas las islas y las montañas desaparecieron, y una gran granizada cayó del cielo sobre los hombres, pero estos seguían blasfemando» (Ap. 16:20-21).

Revisemos este texto. La voz que sale del templo y dice «Hecho está», esto es el final de la tercera y última tribulación. Ahora imaginemos que tan grande puede ser un terremoto para derrumbar montañas y hundir islas en el mar. Podríamos suponer que es tan violento que mueve todo un continente, pero lo más impresionante es saber que, aun viendo y viviendo el inmenso poder de Dios, los hombres no entiendan y sigan blasfemando.

Luego, san Juan nos describe que un ángel le muestra a la gran ramera, que es la Bestia que tenía siete cabezas y diez cuernos. Le dice que las siete cabezas son los siete pueblos y los diez cuernos son los diez reyes que prestarán su poder para luchar contra el Cordero (Ap. 17:1-14). Esta revelación nos dice que, de los siete pueblos de Asia, saldrán diez reyes con sus ejércitos unidos con demonios para la gran batalla de Armagedón.

Armagedón, en hebreo, quiere decir «Monte Megido». Este se encuentra al suroeste del valle de Jezreel y al noroeste del Mar Muerto.

Sale el ejército de Dios, y el apóstol nos narra que se abrió el cielo. De él salió un gran caballo blanco y el jinete que lo montaba tenía por nombre el Verbo de Dios, y estaba escrito sobre muslo «Rey de Reyes» y «Señor de Señores». Además, era seguido por un gran número de ángeles montados a caballo (Ap. 19:11-16). Tenemos un dato sumamente importante: si el que dirige los ejércitos de los cielos es el Verbo de Dios, está hablando de Jesucristo. Esto lo confirma al llamarlo «Rey de Reyes» y «Señor de Señores». Por lo tanto, es Jesucristo quien encabeza la batalla del final de los tiempos.

San Juan nos dice que vio reunidos a los ejércitos de la tierra con la Bestia para combatir a los ejércitos celestiales, pero la Bestia y el Falso Profeta fueron aprisionados y fueron arrojados al lago de fuego. Todos los que lo adoraban también fueron lanzados con ellos, y las aves del cielo se hartaron de comer sus cuerpos (Ap. 19:19-21). En forma muy clara, nos dice que los diez reyes con sus ejércitos junto con la Bestia y el Falso Profeta pierden la batalla y son arrojados al lago de fuego. Pero aún no termina todo, el apóstol ve que baja un ángel del cielo trayendo la llave del abismo y una gran cadena en su mano. Encadena al Dragón, Satanás, lo arroja al abismo, lo cierra y pone un sello para que no salga a extraviar a las naciones. Así permanecerá por mil años donde será soltado por poco tiempo (Ap. 20:1-3).

En este pasaje surgen algunas dudas, ¿por qué solo Satanás será encarcelado por mil años? ¿Por qué después de este tiempo será soltado? Vamos a tratar de entenderlo. Hasta este punto el planeta tierra está destruido, devastado, pero todavía existe; no ha sido aniquilado y está poblado. Analicemos esto: en el cuarto sello mueren 2 mil millones de personas, en la sexta trompeta mueren otras 2 mil millones. Todas ellas exterminadas por demonios. Pero, si la población era de 8 mil millones, queda la mitad. De esa mitad, entre las catástrofes, contaminación de agua, las 7 copas de la ira de Dios y la batalla de Armagedón, tuvo que haber una cantidad muy grande de muertos, calculando, a groso modo, que 1500 millones de personas que hayan muerto, quiere decir que aún viven entre 2000 y 2500 millones de personas.

Pero existe otro punto a considerar. La gran mayoría de las personas creen falsamente que con la resurrección acaba todo, pero no es así. El Apocalipsis nos habla de dos resurrecciones.

San Juan ve tronos en el cielo y dice que fueron ocupados. A quien se sentó en ellos se le dio el poder de juzgar. Vio a las almas que habían sido degolladas por el testimonio de Dios y las almas de aquellos que no habían adorado a la Bestia y tampoco traían su marca en la mano o en la frente. Estos reinarán con Cristo por mil años, y esa será la primera resurrección (Ap. 20:4-5). Aquí nos da dos puntos muy claros: primero nos dice «primera resurrección»; segundo, nos habla de mil años de paz, esto quiere decir que pasados los mil años habrá más acontecimientos. Revisemos esto.

En el mundo han existido grandes profetas como Nostradamus, Baba Vanga, Rasputín, San Malaquías, etc. Todos ellos coinciden en algo: el mundo tendrá mil años de paz y después será destruido. Sin embargo, ninguno dice cómo ni que pasará después de esos mil años. El libro del Apocalipsis, en cambio, sí nos dice qué pasará después de ese tiempo y cómo será aniquilado el mundo.

El libro del Apocalipsis nos dice que, pasados los mil años, Satanás será liberado de su prisión y saldrá a extraviar a las naciones que moran en los cuatro ángulos de la tierra, a Gog y a Magog y los reunirá para la guerra, cuyo ejército será tan numeroso como las arenas del mar (Ap. 20:7-8). En este punto nos debemos de preguntar, ¿por qué Dios permite que Satanás sea liberado? Lo más probable es que Dios quiera probar la verdadera fe de los hombres dándoles una última oportunidad. Lamentablemente, los hombres una vez más le vuelven a dar la espalda a Dios.

Para comprender mejor este pasaje veamos qué quiere decir Gog y Magog. Gog es un vocablo hebreo que significa «jefe de las tinieblas», y Magog, es una tierra tenebrosa donde habitaron los escitas, estos eran un pueblo de Asia, nómadas, guerreros y totalmente destructivos. La región que habitaron va desde las tierras de Danubia hasta el Mar Báltico. En esta zona es donde hoy en día se encuentran Kazajstán, Rusia, Ucrania, Polonia y Bielorrusia. Comprendiendo esta cita, podemos deducir que los hombres una vez más le dan la espalda a Dios, que se juntan los ejércitos de todo el planeta a los ejércitos de los cinco países mencionados, todos ellos dirigidos por el jefe de las tinieblas, Satanás.

San Juan nos relata que estos ejércitos subirán y cercarán la ciudad amada, pero descenderá fuego del cielo y los devorará (Ap. 20:9). La nueva pregunta es, ¿cuál es la ciudad amada? Los estudiosos del tema afirman que es Jerusalén, pero los ejércitos fueron destruidos por fuego que cayó del cielo.

Luego, nos dicen que el Diablo, que los extraviaba, será arrojado en el estanque de fuego y azufre donde estaban también la Bestia y el Falso Profeta. Serán atormentados día y noche por los siglos de los siglos (Ap. 20:10). Esta cita nos da dos puntos muy importantes: primero, la Bestia, el Falso Profeta, Satanás y el Diablo son diferentes espíritus; segundo, nos confirma que no serán liberados nunca más.

El apóstol nos relata que, después de estos acontecimientos, vio a todos los muertos delante del trono de Dios. Se abrió el libro de la vida, y los muertos son juzgados según sus actos registrados en el libro de la vida. Todo aquel que no se encontró en el libro de la vida, fue arrojado al estanque de fuego (Ap. 20:11-15). Este momento nos revela que todo ha terminado, esta fue la segunda resurrección. Pero falta averiguar, ¿qué paso con el planeta? Pues esa respuesta nos la dan a continuación.

En forma textual nos dice: «Vi un cielo nuevo y una tierra nueva, porque el primer cielo y la primera tierra habían desaparecido, y el mar no existía ya» (Ap. 21:1). En forma breve nos dice que el planeta ha sido aniquilado. Pero surge una pregunta: si el planeta fue destruido, ¿dónde quedó el abismo de fuego y azufre donde están los demonios y sus seguidores? Existen varias teorías al respecto, pero con la que más concuerdo y considero factible es la siguiente:

Cuando los ejércitos van a atacar la ciudad amada, cae fuego del cielo y los destruye (Ap. 20:9). Después, no existe vida, inicia la segunda resurrección. Esto nos indica que no solo los ejércitos fueron eliminados, sino también toda la vida en la tierra. Si analizamos cómo es el impacto de un cometa o asteroide en la tierra, veremos que primero es una lluvia de fuego, ya que un cuerpo celeste trae mucho material desprendido en su contorno. Al entrar a la atmósfera, estos fragmentos incandescentes caen primero, y luego viene el impacto. Si un asteroide de tan solo 500 km golpea la tierra, en menos de 24 horas esta estará envuelta en llamas y poco tiempo después todo líquido se habrá evaporado.

Con el paso del tiempo el planeta quedará como una gran roca sin vida, algo muy similar o hasta igual que el planeta Marte, pero en su centro se conserva el fuego, ya que es temperatura que no tiene salida y permanece incandescente indefinidamente. En mi opinión personal, aquí es donde quedarán atrapados todos los demonios y sus seguidores.

Después de estos acontecimientos, san Juan tiene la visión de lo que puede ser el cielo o la vida eterna con Dios. Vio la nueva Ciudad santa, la nueva Jerusalén donde habitaran los hombres y el mismo Dios estará con ellos. No existirá la muerte, ni el duelo, ni gritos, ni trabajo porque ese tiempo ha pasado (Ap. 21:2-4). ¿Por qué esta visión se puede interpretar como el cielo? Solo tenemos que analizar las palabras para tener la respuesta: en varios pasajes de la Biblia se menciona la vida eterna en presencia de Dios, y nos dice que el mismo Dios habitará con ellos. Además, nos dice que la muerte no existirá más, por lo tanto, está hablando de la vida eterna y esta solo se puede dar en un ser espiritual. Los hombres a los que se refiere no son de carne y hueso, son sus almas. Más adelante nos da la clave que confirma esta teoría, en forma textual dice: «La ciudad no había menester de sol ni de luna que la iluminasen, porque la gloria de Dios la iluminaba, y su lumbrera era el Cordero» (Ap. 21:23).

Finalmente, san Juan confirma que todas estas visiones y revelaciones fueron dadas por Dios quien, a través de un ángel, desvela a San Juan para mostrar a los hombres las cosas que están por suceder pronto (Ap. 22:6). De esta forma, termina el libro del Apocalipsis.

Hagamos un resumen rápido para concientizar lo que será el Apocalipsis.

En primer lugar, debemos entender que es un mensaje de Dios que, a través de un ángel, da a conocer a san Juan. Luego, nos da siete mensajes para la salvación y dos advertencias: la primera tribulación, que es la destrucción del hombre por mano del hombre y una gran catástrofe; luego nos da dos visiones indicándonos que iniciará la segunda tribulación que es la destrucción del hombre por la naturaleza y dos ejércitos de demonios que traen tormento, dolor, sufrimiento y muerte a los seres humanos.

Posterior a esto, Dios vuelve a dar dos oportunidades para que el hombre corrija el camino y prepara la tercera tribulación, que es la muerte del hombre por la ira de Dios. Después, viene la batalla de Armagedón, dando paso a la primera resurrección y los mil años de paz. Finalmente, ocurre una última batalla de humanos y demonios contra Dios, pero el planeta es aniquilado, abriendo paso a la segunda resurrección, para terminar dándonos una visión de lo que será la vida eterna en presencia de Dios.

Es imperativo reflexionar para evitar caer en fechas falsas y falsos miedos, así como evitar un fanatismo negativo sobre el fin del mundo.

Primero. Nadie sabe las fechas exactas en que sucederán estos acontecimientos. A menudo observamos eventos que podríamos relacionar con el inicio del Apocalipsis y resultan falsos. Veamos un ejemplo muy claro: entre 1914 y 1918 sucedió la Primera Guerra Mundial, en la que mueren aproximadamente 10 millones de personas. Aún no terminaba esta guerra e inició la gripe española (1918 a 1920), que mató a 40 millones de personas aproximadamente. Luego, vinieron 19 años de paz antes de empezar la Segunda Guerra Mundial, de 1939 a 1945, en la que murieron aproximadamente 60 millones de personas. En total, en 31 años, entre conflictos bélicos y epidemias, murieron aproximadamente 120 millones de personas, esto sin contar las hambrunas que ya existían. Esta cifra dista mucho de las 2 mil millones de personas que morirán en la primera tribulación. Sin embargo, el mundo ha seguido adelante.

Segundo. Debemos tener presente que el Apocalipsis es un libro profético. Por tanto, es importante entenderlo y poner atención en las señales que nos podrían indicar que ha iniciado, como los siete mensajes a los siete pueblos de Asia, ¿cuáles son esos pueblos en la actualidad? Pues estas ciudades se ubican en Estambul, actualmente esta ciudad tiene un lado europeo y otro asiático, separados por el estrecho de Bósforo y Dardanelos, y ambas dan al mar de Mármara. Aquí es donde debemos poner atención, porque en ese lugar serán dados los siete mensajes.

Asimismo, debemos de poner atención a los líderes mundiales, sus emblemas y sus palabras, ya que están relacionados directamente con los cuatro jinetes de los cuatro primeros sellos.

Recordemos que hay dos advertencias que indican que dará inicio el Apocalipsis, y una de ellas es un clima inusual en el que habrá grandes relámpagos, truenos y voces. Cuando nos hablan de «voces en el cielo», se refieren a vientos muy intensos que se escuchan. También nos habla de fuego en el cielo, los cuales podrían ser derivados de algún fenómeno astronómico, como las estrellas fugaces.

Ahora veamos un tema que ha provocado mucha controversia y a muchas personas les cuesta entender: estamos hablando de la ira de Dios. De aquí se deriva la siguiente pregunta: si Dios es bondadoso y dador de vida, ¿de dónde viene su ira? ¿Por qué usarla?

Para entender este punto tenemos que bajar del nivel Dios al nivel humano. Imaginemos una pareja con hijos: ambos padres son bondadosos, buenas personas, pacíficos, etc. Su vida gira sobre la familia y los rodea un inmenso amor a los hijos, dan todo por ellos. Pero un día alguien los lastima, los padres lloran por el sufrimiento de sus hijos, pero paralelo a esto nace una gran ira contra la persona que los lastimó. Se irán directo contra esa persona olvidando su bondad, tienen que destruirla antes de que los vuelvan a lastimar. No se detendrán hasta lograrlo, ya que necesitan protegerlos. Pues esto mismo es lo que hace Dios.

Analicemos.

Dentro de la creación de Dios existen dos tipos de seres importantes. Uno de ellos los ángeles, un ejército creado cuya única finalidad es frenar y luchar contra la maldad; el otro es el ser humano, la creación más importante para Dios, ya que somos sus hijos. Pues, resulta que estos hijos están en un constante asedio por parte de los demonios, y lo peor es que muchos de estos hijos siguen a esos demonios, pervirtiendo y envenenando las almas. En este punto Dios trata de proteger a sus hijos con sus ejércitos celestiales. Sin embargo, estos demonios están llenos de crueldad, maldad y odio, por lo que están dispuestos a no detenerse. A Dios no le dan otra opción que acabar con ellos, pero no los puede destruir porque Dios es vida: la única opción que queda es derrotarlos y encerrarlos en cárceles de fuego y azufre por toda la eternidad, y es el motivo que lleva a Dios a sacar y desatar su ira.

Reflexiones a considerar

A continuación, vamos a realizar un análisis de los puntos que son importantes para tratar de eliminar cualquier duda sobre todo lo que se ha visto. Asimismo, daré una serie de datos que pueden ser de interés para una mejor comprensión.

Entre el Antiguo y Nuevo Testamento hubo 400 años en que Dios no se manifestó. Por lo tanto, tampoco hubo apariciones ni señales angelicales. A este lapso de tiempo se le conoce como «los 400 años de silencio». Este período va desde la liberación del cautiverio babilónico hasta el nacimiento de Jesús de Nazaret, esto es desde el libro de Malaquías hasta los evangelios. Si quieres saber qué sucedió en este lapso de tiempo, te dejo las referencias para que los puedas investigar: se da el período persa del 450 a. C. al 330 a. C., el período helénico del 330 a. C. al 166 a. C., el período asmoneo del 166 a. C. al 63 a. C. Luego, se inicia en el año 63 a. C. el período romano.

Hay siete libros que existen en la Biblia Católica Cristiana; sin embargo, en la Católica protestante no aparecen. Esto se debe a que en el año 1534, Martín Lutero tradujo la Biblia al idioma alemán. Al realizar la traducción, él consideró que había libros apócrifos y decidió eliminarlos, estos libros son: Tobías, Judith, I Macabeos, II Macabeos, Sabiduría, Eclesiástico, Baruc. Por lo tanto, al comprar un libro de las Sagradas Escrituras, deberás fijarte en la versión que eliges ya que ambas se encuentran a la venta.

Muchas personas se preguntan porque hay nueve coros angelicales y no siete o doce. Este punto obedece a las visiones que san Pablo tuvo cuando fue llevado al cielo. Te daré dos puntos importantes: para los judíos, también existen nueves categorías de ángeles. Asimismo, para los judíos existen no siete sino diez arcángeles, dentro de estos también se encuentran Miguel, Gabriel y Rafael, mismos que menciona la Biblia.

En repetidas ocasiones, la Biblia menciona que los ángeles son el ejército de Dios. Al ser un ejército tienen milicia. Si analizamos esta palabra, vemos que su significado es el arte de hacer la guerra y preparar a sus soldados para ella. Por lo tanto, también tienen un grado de malicia para poder llevar a cabo su objetivo. Por otro lado, vemos que Dios es bondadoso y que los ángeles son protectores y sanadores con obediencia a Dios. Entonces, la pregunta sería: ¿por qué darle un grado de malicia a la bondad? La respuesta es muy sencilla. Recordemos que Lucifer y sus ejércitos de demonios son seres malignos, destructores que mantienen una rebelión continua contra Dios. Su principal objetivo es pervertir a los humanos y arrastrarlos al dolor, sufrimiento, y muerte. Por ende, tiene que existir por parte de los ángeles un grado de malicia que los lleve a cumplir su objetivo que es derrotar a estos demonios. Pero existe un detalle muy importante a considerar: Dios es vida.

Si analizamos lo investigado, en ningún momento se menciona que en las batallas los demonios sean aniquilados. Son derrotados, no los matan, los castigan y los encierran para erradicar la maldad en la creación de Dios. En pocas palabras, es erradicar la maldad para tener un mundo de bondad.

Al estudiar los ángeles de Dios, solo aparece la forma que tienen la primera triada: serafines, querubines y tronos. Nunca se mencionan la forma que tienen las otras seis cortes de ángeles. Pero existen ciertas excepciones, como cuando Rafael se le presenta a Tobías y a Tobit en su forma humana; cuando Gabriel se le presenta a Zacarías, le infunde un gran temor, pero no describe la visión. Sin embargo, un dato importante es que cuando Satanás se le aparece a Eva, textualmente dice: «En forma de serpiente». De esta reflexión podemos obtener la siguiente teoría: tanto ángeles como demonios, al ser seres espirituales no tienen una forma definida, pero tienen el poder de adoptar la forma que ellos quieran para cumplir la misión que necesiten realizar. Dicho de otra forma, en el mundo espiritual no existen formas, pero al necesitar un contacto con el mundo físico, adoptan la forma que requieren para cumplir su misión.

En la Biblia, nos dan las funciones que tienen los serafines, querubines, tronos ángeles, así como de tres de los arcángeles. Se tiene la teoría de la función de las dominaciones por los estudios de san Agustín. Sin embargo, las virtudes, potestades y principados no se mencionan. Se tiene una idea de la función de los principados por la definición etimológica del latín, pero no existe una confirmación escrita en la Biblia. Asimismo, algunos estudiosos del tema nos dicen que los cuatro arcángeles que no se mencionan podrían ser los ángeles con un gran poder dado por Dios y que se encuentran en los cuatro puntos cardinales como lo menciona el Apocalipsis. Por lo tanto, todo lo que escuches o leas de los ángeles que no nos dicen su función, son teorías aún no comprobadas.

Al hablar de demonios, existe en muchas personas una confusión al nombrarlos. Veamos las diferencias y la finalidad entre Lucifer, Satanás, Falso profeta, Anticristo, Demonios y Diablo.

- Lucifer: su origen es el de Luzbel, un ángel Querubín creado por Dios, quien pervirtió a otras cortes angelicales para crear un ejército y pelear contra Dios mismo. Al ser derrotado, es desterrado del cielo y puesto en la tierra donde se convirtió en un ser lleno de maldad. Desde entonces es Lucifer. Este espíritu maligno es el rey supremo de todos los demonios en la tierra, el creador de la maldad y el que da las órdenes a todos los seres malignos. Es algo así como el jefe supremo.
- Satanás: si ponemos atención en el capítulo 9 del Apocalipsis, encontramos dos claves importantes. Al

sonar la quinta trompeta, salen del abismo un ejército de langostas con colas de escorpión para herir a los hombres, este ejército tenía un rey llamado Abaddón, en hebreo es «Ángel de Satanás exterminador». En la sexta trompeta, sale un ejército de 200 millones de demonios a dar muerte al hombre, también dirigidos por Satanás. Este mismo ser es el que le pone tentaciones a Jesucristo en el desierto. Por lo tanto, Satanás es el que dirige los ejércitos de demonios en la tierra y el que cumple misiones directas contra Dios.

- Falso Profeta: en el segundo libro de Corintios, capítulo 13, versículo 14, en forma textual dice: «Pues estos falsos apóstoles, obreros engañosos, se disfrazan de apóstol de cristo». Podríamos definirlos como demonios humanos: son personas llenas de maldad que se hacen pasar por seguidores de Dios, te hacen creer que te acercan al bien, pero en la realidad te llevan a la perversión, a la maldad y hasta tu propia destrucción. Muchos de estos ejemplos los puedes ver en el libro de Jeremías y algunos en el libro de Zacarías.
- Anticristo: este es un demonio humano que pelea en forma frontal contra Dios, sus principios y hasta contra su pueblo. En mi humilde opinión, un ejemplo muy claro sería el de Adolf Hitler: desde pequeño era una persona mala y llena de rencor, provocó muchos problemas a sus padres. Desde joven acariciaba todo lo bélico y su principal idea era la de exterminar judíos, el pueblo de Dios. Él provocó la Segunda Guerra Mundial, mató a más de seis millones de judíos. Murió persiguiendo su objetivo sin importarle nada, dejando a

Alemania destruida y hundida en la pobreza. Toda su vida estuvo rodeado por personas que le temían, fue un ser que siempre se caracterizó por ser impositivo, lleno de odio, rencor y creador del mal.

- Demonios: son seres espirituales y malévolos cuya principal función es la de causar daño a los seres humanos.
- Diablos: son seres espirituales de naturaleza malvada, cuya finalidad es la de dar tentaciones a los humanos y hacerlos caer en el pecado.

Aclaremos este último punto: un demonio viene a destruirte, a crearte dolor y sufrimiento mientras que un diablo viene a darte placeres que te conduzcan al pecado y te alejen de Dios. Te pervierten y pueden llenarte de avaricia, lujuria, etc.

El siguiente punto es el cuestionamiento de por qué el hombre tiene cierta inclinación a la maldad. Si volvemos atrás en el tiempo, veremos que los seres humanos siempre han tenido guerras, si analizamos los motivos nos daremos cuenta que, en la mayoría de los casos, es invadir un territorio para tener el control sobre él. A esto se le llama ambición.

En una escala menor, podemos ver que un ladrón roba debido a que es flojo y no quiere trabajar. A eso se le llama pereza. Hay gente que, en busca de placeres carnales, pervierte a otras personas. Esto es lujuria. Otros hacen daño para ellos resaltar y que los demás lo admiren. Eso es vanidad. Así nos podríamos seguir poniendo muchos ejemplos, pero no nos percatamos que el ser avaros, lujuriosos, perezosos, vanidosos, etc., son solo placeres carnales y pasajeros. Al trascender a la otra vida dejamos todo, hasta el cuerpo con todos los placeres que le dimos, y llevamos un espíritu pobre, triste y vacío, y eso es lo que realmente nos llevamos. Resumiendo: podemos decir que, por darle un placer al cuerpo, caemos en la maldad y, por ende, en el pecado.

Entonces viene la siguiente pregunta, ¿cuál es la diferencia entre placer físico y espiritual? El placer físico es cuando le damos un gusto al cuerpo que se refleja en uno de los cinco sentidos y, por lo tanto, provoca una sensación muy agradable que llamamos placer. Por ejemplo, si estás comiendo un guisado que te gusta mucho, lo estarás disfrutando y saboreando a la vez que te da una sensación muy agradable que llamamos placer. Si revisas tu día a día, te darás cuenta que tienes muchos placeres, pero eso es para el cuerpo y ese cuerpo algún día será destruido, ya sea porque lo desintegró el tiempo en una tumba o lo incineraron. Por lo tanto, debemos poner atención en el placer espiritual, ya que es lo que realmente conservamos.

El placer espiritual es cuando te llenas de alegría en tus sentimientos y en tu corazón, porque realizaste una acción buena a alguien o hiciste una obra buena. Al hacerlo, estarás enriqueciendo tu espíritu y preparándolo para que, al trascender, te lleves un yo verdadero, crecido y favorecido.

Ahora entraremos a un tema difícil de entender, pero trataré de explicarlo: se trata de la «Maldad Pura». Esto representa el extremo más cruel y destructivo de la maldad. Cuando una persona cae en la maldad, en la mayoría de los casos es para buscar un bienestar personal y, aunque parezca paradójico, esta maldad tiene un grado de bondad. Imaginemos a alguien que pervierte a otra persona para hacerla caer en la lujuria, en el instante que están en el acto lujurioso ambos reciben placer y sienten una sensación muy agradable. Ese momento es bondadoso para los dos, entonces produce un grado pequeño de bondad. Por lo tanto, es un acto de maldad, con un momento de bondad.

Ahora subamos el nivel de maldad: imaginemos a un psicópata que mata a su víctima. Es un acto espantoso y horrible de maldad, pero ¿por qué lo hace? Porque esa persona tiene un desequilibrio mental que lo lleva a sentir gusto en el momento que está cometiendo ese acto y una satisfacción después de haberlo perpetrado. Ese gusto y esa satisfacción son una gota de su egoísta bondad. En ambos casos, es una maldad que está provocando un gran daño y Dios no la aceptará, ya que es una gota de bondad atrapada en un gran círculo de maldad.

Subamos el nivel a su máxima expresión: la maldad pura. Cuando una persona o un demonio hace el mal por hacer el mal, no existe ninguna satisfacción, ningún gusto. Solo es hacerlo por hacerlo y seguir su camino. Un ejemplo muy claro son los dos ataques de demonios en las trompetas del Apocalipsis, van hiriendo gente, matando gente, no tienen un objetivo ni ninguna satisfacción, es solo lastimar por lastimar y matar por matar. De ahí viene la pregunta, ¿quiénes tienen maldad pura? Pues, todos aquellos ángeles que decidieron seguir a Lucifer, fueron desterrados por Dios y arrojados a la tierra. Todos aquellos demonios inhumanos.

Pasando al siguiente punto, respondamos la siguiente pregunta: si la muerte se da cuando un cuerpo se detiene y deja de existir, ¿cuál es la muerte espiritual si no hay cuerpo? En varios pasajes de la Biblia se toca este punto; tratemos de entenderlo. Cuando vemos un cuerpo que deja de existir y se encuentra inerte, lo llamamos muerte. Esto es la muerte física; el espíritu se ha desprendido. Pero esta es la muerte terrenal, que en realidad es una transición de vida. Esa persona ha pasado de la vida física a la vida espiritual. Ahora bien, si la vida espiritual es eterna, ¿en qué momento muere? Una persona que en vida hizo daño a sus semejantes o una persona malvada, al trascender y entrar al mundo espiritual, será el mismo ser maligno. Por lo tanto, el mismo se ha condenado y será arrojado junto con los demonios al lago de fuego y azufre, porque es un espíritu muerto, es decir, al momento que un espíritu se llena de maldad será un espíritu muerto que jamás verá la luz de Dios. Esa es la muerte espiritual.

En el Apocalipsis vimos que existen dos resurrecciones: la primera que será después de la batalla de Armagedón y, la segunda, después de los mil años de paz. Surge, entonces, la siguiente pregunta: si todavía no ha sucedido la resurrección, ¿dónde están los muertos? Sobre este punto existen muchas teorías, pero mencionaré solo las dos más comunes. Cabe aclarar que, al hablar de teorías, nos referimos a afirmaciones que no han sido comprobadas, por lo que todas pueden ser válidas.

- La teoría de la reencarnación: cuando una persona trasciende, estará un corto lapso de tiempo en el mundo espiritual y luego regresará a la tierra en otra persona o en un animal, para aprender todo lo que no aprendió en su anterior vida, y este círculo se repetirá una y otra vez hasta el final de los tiempos.
- La segunda teoría del mundo paralelo espiritual: según esta teoría, al transcender, el espíritu se dirige a un mundo paralelo al nuestro, el cual no podemos percibir por ser un mundo espiritual. Allí permanecerán hasta que se dé el día de la resurrección, cuando Dios separará a los buenos para gozar de su presencia y a los malos para arrojarlos junto con los demonios al abismo.

Cuando la Biblia se refiere al final de los tiempos, tiene frases como: «El momento está cerca», «las cosas que ya habrán de suceder», «dentro de poco tiempo». Pero nos percatamos que ya ha pasado mucho tiempo, más de dos mil años y no sucede nada, la pregunta que surge es: ¿falta realmente mucho?

Tenemos que entender que el mundo físico está atrapado en el tiempo. Es un mundo donde pasan minutos, horas, días, meses y años, y al pasar el tiempo va alterando y cambiando el mundo físico, desde montañas hasta nuestro cuerpo. En contraste, en el mundo espiritual no existe el tiempo; es eterno. Esto quiere decir que un instante en el mundo espiritual pueden ser muchos años en el mundo terrenal. De tal forma, si en el mundo espiritual se dice en poco tiempo, en el mundo terrenal pueden ser muchos años. Por ejemplo, si un acontecimiento puede suceder en tres mil años, para el mundo espiritual podría ser tres minutos. Por lo tanto, han pasado dos mil años y no se ha dado el Apocalipsis, también por ese mismo motivo se desconoce el tiempo en que habrá de suceder, podría comenzar mañana o dentro de 500 o mil años.

Listado de citas bíblicas

A continuación, se da el listado de todas las citas Bíblicas por tema, este tiene dos finalidades: la primera que se pueda relacionar los diferentes acontecimientos en el orden que sucedieron o que van a suceder; la segunda, que puedas hacer una consulta directamente en el libro de la Biblia y ampliar el conocimiento del suceso.

Iniciaré por explicar cómo entender una cita Bíblica, por si no estás muy familiarizado con este concepto.

Veamos un ejemplo: 2 Cor.12:2-7. La sigla «Cor.» se refiere al libro de los Corintios, pero antes de dicha sigla encontramos un número. En la Biblia existen 2 libros de Corintios y se refiere al segundo libro. Cuando solo existe un libro no viene ningún número.

Posterior a la sigla viene un número, en este caso es el 12, este es el número de capítulo. Después viene uno o dos números separados por un guion, estos son los versículos donde se encuentra el texto de referencia. ¿Qué es un versículo? Esta palabra viene del latín versiculus y significa las divisiones breves y numeradas de un capítulo. Por lo tanto, encontrarás dentro del texto unos pequeños números, estos son los versículos. En ocasiones encontrarás un número, pero cuando hay dos números separados por un guion, como se puso en el ejemplo, quiere decir que el texto de referencia abarca del versículo 2 al 7, no 2 y 7.

Resumiendo, la cita Bíblica 2 Cor.12; 2-7 se interpreta como: segunda epístola a los Corintios, capítulo 12, versículos 2 al 7.

Para el presente estudio se consultaron 25 libros de los 73 que componen la Biblia. Te daré el listado de las 25 siglas para, en caso que consultes la Biblia, te sea más fácil la búsqueda en el libro. ¿Qué es una sigla? Es la abreviatura de una palabra, se usa para reducir la longitud de un título.

Cabe aclarar que te encontrarás dos palabras que puede ser que no te sean muy familiares. La primera es «epístola» esta palabra viene del griego epistolé y significa «carta», esto es una carta dirigida a. La segunda palabra es «evangelio» viene del latín evangelium y significa «nueva buena». Asimismo, evangelio, según el Diccionario de la Real Academia Española es: «Historia, vida y milagros de Jesucristo contenida en los 4 relatos que llevan el nombre de los evangelistas y que componen el primer libro canónico del Nuevo Testamento».

Te pongo la sigla, el título del libro, y luego encontrarás una AT, de Antiguo Testamento o una NT, de Nuevo Testamento.

Ap. Apocalipsis... NT.
Col. Epístola a los Colosenses... NT.
Cor. Epístola a los Corintios... NT.
Dan. Daniel... AT.
Dt. Deuteronomio... AT.
Ef. Epístola a los Efesios... NT.
Exo. Éxodo... AT.
Ezeq. Ezequiel... AT.
Gen. Génesis... AT.
Heb. Epístola a los hebreos... NT.
Hec. Hechos de los apóstoles... NT.
Is. Isaías... AT.
Jud. Epístola de san Judas... NT.
Jn. Evangelio de san Juan... NT.
Lc. Evangelio de san Lucas... NT.
Mc. Evangelio de san Marcos... NT.
Mt. Evangelio de san Mateo... NT.
Pe. Epístola de san Pedro... NT.
Re. Reyes... AT.
Rom. Epístola a los romanos... NT.

SALM. SALMOS... AT.
SAM. SAMUEL... AT.
SANT. EPÍSTOLA DE SANTIAGO... NT.
TOB. TOBÍAS... AT.
ZAC. ZACARÍAS... AT.

Como podrás ver, son 11 libros del Antiguo Testamento y 14 del Nuevo Testamento. Estos son solo los ocupados en el presente estudio.

A continuación, te pongo las referencias con las 125 citas bíblicas. Te aclaro que encontrarás referencias con varias citas, por lo que te recomiendo que, si analizas un texto con este caso, consultes todas las citas de la referencia debido a que una complementa a la otra.

El principio

San Pablo es llevado al cielo. 2 COR. 12:2-7.
Dionisio Areopagita se hace discípulo de san Pablo. HEC. 17:34.

Los ángeles de Dios

Dios creó a los ángeles como un ejército. SALM. 33:6.
Forma y función de los serafines. IS. 6:2-7; AP. 4:8.
Función de los Querubines. GEN. 3:24; EX. 25:18-19 ;EX. 26:31; 2 SAM. 22:11; SALM. 18:10; 2 RE. 19:15; HEB. 9:5.
Forma de los querubines. EZEQ. 1:4-20; EZEQ. 10:12.
Dios creó a dominaciones y tronos. COL. 1:16.
Forma de los tronos. DAN. 7:9-10.
Jesucristo está por encima de todo principado, potestad y dominación. EF. 1:19-21.
Virtudes y potestades están sometidos a Jesucristo. 1 PE. 3:22.

La sabiduría de Dios es notificada a principados y potestades. EF. 3:10.
Ángeles, principados y potestades no nos pueden separar del amor de Dios. ROM. 8:38-39.
Debemos revestirnos con la armadura de Dios para resistir las insidias del diablo. EF. 6:11-12.
Los demonios Principados están encerrados en el centro de la tierra. 2 PE. 2:24.
Dios menciona a dos grandes enemigos que son demonios. 1 COR. 15:24-25.
El arcángel Miguel pelea contra Lucifer por el cuerpo de Moisés. JDS. 1:9.
Libran una batalla el ejército de San Miguel contra el ejército de Lucifer. AP. 12:7-9.
San Miguel derrota al ejército persa. DAN. 10:13.
Daniel confirma el poder de San Miguel. DAN. 10:21.
San Gabriel anuncia a Zacarías el nacimiento de San Juan Bautista. LC. 1:11-13.
San Gabriel anuncia a María que su hijo es el salvador. LC. 1:26-38.
San Gabriel anuncia a los pastores el nacimiento de Jesús. LC. 2:8-14.
San Gabriel se presenta a José para decirle que el hijo de María es el salvador. MT. 1:18-25.
San Gabriel se presenta a Daniel para decirle cómo será el final de los tiempos. DAN. 8:15-26.
San Gabriel se presenta a Daniel para decirle que su pueblo será destruido. DAN. 9:20-27.
Tobit advierte a su esposa que un ángel acompañará a Tobías en su trayecto. TOB. 5:20-21.
San Rafael revela que es uno de los siete arcángeles y que lo envió Dios. TOB. 12:1-21.
San Juan habla de los siete espíritus delante del trono de Dios. AP. 1:4-10.

Los siete espíritus de Yavé son los siete ojos que observan la tierra. ZAC. 4:10.
Dios nos encomienda a los ángeles. SALM. 91:10-12.
Jesús habla de los Ángeles que cuidan a los niños. MT. 18:10.
Un ángel protege y cuida a san Pablo. HEC. 27:23-24.
Un ángel mata a 70 mil hombres por la peste. 2 SAM. 24:15-17.
San Pedro es liberado de prisión por un ángel. HEC. 12:6-11.

Ángeles caídos o demonios

Luzbel es creado por Dios como un Ángel Querubín. EZEQ. 28:13-16.
Luzbel se llena de vanidad y quiere ser como Dios. IS. 14:12-14.
Los ejércitos de san Miguel y Luzbel libran una batalla en el cielo. AP. 12:7-9.
Lucifer engañó a Adán y Eva para hacerles comer del árbol prohibido. GEN. 3:1-7.
Los demonios y las hijas del hombre engendran hijos gigantes. GEN. 6:1-8.
Adán y Eva tienen un tercer hijo llamado Set. GEN. 5:3-4.
Set es abuelo de Enoc, y este es el bisabuelo de Noé. GEN. 5:18-29.
Dios resucita en vida a Enoc. GEN. 5:23-24.
San Lucas confirma la descendencia de ENOC. LC. 3:37.
Dios profetizó el juicio final desde Enoc. JDS. 1:14-15.
Se confirma que Dios resucitó a Enoc. HEB. 11:5.
Dios da a escoger al hombre entre el bien y el mal, entre la vida y la muerte. DT. 30:15-19.
Jesús confirma que los demonios están sometidos. LC. 10:17-20.
Jesús libera a una mujer de la atadura de Satanás. LC. 13:10-17.
Jesús les dice a los judíos de la sinagoga que ellos son los hijos del diablo. JN. 8:44-45.
Jesús habla del juicio final y el abismo de fuego. MT. 25:41.

Jesús expulsa a varios demonios del cuerpo de un hombre. Mc.5; 1-13: Lc. 8:30-33.
Jesús advierte del engaño de los falsos profetas. 2 Cor. 13:14.
Todos los demonios fueron derrotados por Jesucristo en la cruz. Col. 2:15.
Dios nos da la forma de cómo resistirse al diablo. Sant. 4:7-8.
Dios tiene a los principados encerrados en las cavernas del tártaro. 2 Pe. 2:4.
Porque mantenernos con la armadura de Dios. Ef. 6:11-12.

Ángeles y demonios en el Apocalipsis

Jesucristo da la revelación a san Juan por medio de un ángel. Ap. 1:1.
Mensaje a las siete iglesias de Asia. Ap.1:4.
Visión de las siete estrellas y 7 candeleros de oro. Ap. 1:20.
Mensaje del Ángel a la iglesia de Éfeso. Ap. 2:1-7.
Mensaje del Ángel a la iglesia de Esmirna. Ap. 2:8-11.
Mensaje del Ángel a la iglesia de Pérgamo. Ap. 2:12-17.
Mensaje del Ángel a la iglesia de Tiatira. Ap. 2:18-29.
Mensaje del Ángel a la iglesia de Sardes. Ap. 3:1-6.
Mensaje del Ángel a la iglesia de Filadelfia. Ap. 3:7-13.
Mensaje del Ángel a la iglesia de Laodicea. Ap. 3:14-22.
Los siete espíritus de Dios que arden. Ap. 4:5.
Los cuatro ángeles poderosos que alaban a Dios. Ap. 4:6-10.
Aparece el libro de los siete sellos y un ángel con él. Ap. 5:1-2.
Los sellos serán abiertos por el cordero. Ap. 6:1.
Primer sello jinete en caballo blanco (la peste). Ap. 6:2.
Segundo sello jinete en caballo bermejo (la guerra). Ap. 6:3-4.
Tercer sello jinete en caballo negro (hambrunas). Ap. 6:5-6.
Cuarto sello jinete en caballo bayo (mortandad). Ap. 6:7-8.
Quinto sello las almas de los muertos siguen sufriendo. Ap. 6:9-11.
Sexto sello se da un gran terremoto. Ap. 6:11-17.

Todos los siervos de Dios son sellados en la frente. Ap. 7:1-3.
Séptimo sello hace un silencio total. Ap. 8:1.
Aparecen siete ángeles delante del trono de Dios. Ap. 8:2.
Un ángel provoca cataclismos en la tierra. Ap. 8:3-6.
Primera trompeta cae granizo con sangre y fuego. Ap. 8:7.
Segunda trompeta, una gran erupción volcánica en el mar. Ap. 8:8-9.
Tercera trompeta, cae un cometa en la tierra. Ap. 8:10-11.
Cuarta trompeta, se oscurece la tercera parte de la tierra. Ap. 8:12-13.
Quinta trompeta, sale un ejército de demonios contra el hombre. Ap. 9:1-12:
Sexta trompeta, Sale otro ejército de demonios a dar muerte al hombre. Ap. 9:13-21.
Hablan los siete truenos del cielo. Ap. 10:1-7.
Séptima trompeta, aparece el Arca del Testamento. Ap. 11:15-19.
Aparece un Ángel con el evangelio nuevo porque viene el juicio final. Ap. 14:6-7.
Aparece un segundo Ángel pregonando que Babilonia ha sido destruida. Ap. 14:8.
Aparece un tercer Ángel advirtiendo de no traer la marca de la bestia. Ap. 14:9-11.
Se describe la marca de la Bestia y se revela su nombre (666), Ap. 13:15-18.
Aparecen siete ángeles con las siete plagas de la ira de Dios. Ap. 15:1.
Aparecen siete ángeles con las siete copas de la cólera de Dios. Ap. 15:5-7.
Se da la orden a los ángeles de derramar las siete copas de la ira de Dios. Ap. 16:1.
Primera copa, una úlcera maligna ataca a los hombres. Ap. 16:2.
Segunda copa, todo el mar se convierte en sangre. Ap. 16:3.

Tercera copa, todos los lagos y ríos se convierten en sangre. AP. 16:4-5.
Cuarta copa, el calor de una gran explosión solar alcanza la tierra. AP. 16:8-9.
Quinta copa, una total oscuridad y gran dolor caen sobre la Bestia y sus seguidores. AP. 16:10-11.
Sexta copa, tres grandes demonios salen a juntar a los ejércitos de la tierra. AP. 16:12-14.
séptima copa, se produce un gran terremoto cataclísmico. AP. 16:17-18.
Los hombres se voltean contra Dios y blasfeman contra él. AP. 16:20-21.
Un ángel muestra a la gran ramera de siete cabezas y diez cuernos. AP.17:1-4.
Sale del cielo el ejército de Dios. AP. 19:11-16.
Se da la batalla del Armagedón. AP. 19:19-21.
Un ángel encadena al Dragón y Satanás en el abismo. AP. 20:1-3.
Viene la primera resurrección, la de los justos. AP. 20:4-5.
Pasados los mil años Satanás es liberado. AP. 20:7-8.
Un gran ejército de humanos y demonios son devorados por el fuego. AP. 20:9.
La Bestia, Satanás y el Falso Profeta son arrojados al fuego eternamente. AP. 20:10.
Viene la segunda resurrección, juicio por el libro de la vida. AP. 20:11-15.
La tierra ha sido destruida y se da la nueva vida en el cielo. AP. 21:1.
Nace en el cielo la nueva Jerusalén. AP. 21:2-4.
La nueva luz, la de la vida eterna, viene del cordero. AP. 21:23.
Confirma san Juan que todos estos acontecimientos son revelados por un ángel de Dios. AP. 22:6.

Epílogo

Se ha realizado un análisis de ángeles y demonios según los hechos históricos documentados en la Biblia. La primera pregunta sería: ¿existe algún otro documento histórico que toque este tema? Creo que no, existen miles de libros e investigaciones históricas sobre el desarrollo y avances en la historia de la humanidad, pero ninguno de estos estudios nos habla de los ángeles. Asimismo no se tiene un estudio o análisis con bases sólidas de los mismos, y viene la siguiente pregunta: ¿de dónde proviene toda esta ideología actual que nos lleva a buscar una interacción con ángeles o demonios?

Muchas personas buscan la forma de invocar a un ángel, ¿con qué finalidad? Imaginemos que después de invocar a un ángel, logras tu cometido, se te aparece. Tu primera reacción será un asombro total o un pánico absoluto y, ¿qué vas a hacer? ¿Le dirás algo? ¿Le pedirás algo? Recordemos que los ángeles tienen una total y absoluta obediencia a Dios, por lo que no creo que un ángel se manifieste. Si lo que tienes es una curiosidad por ver como son, te diré que estás en un grave error, debido a que no son una diversión: recuerda que son un ejército creado exclusivamente para mantener la bondad y erradicar el mal en toda la creación de Dios.

Supongamos que lo que decides es invocar a un demonio, estás jugando con fuego: este no se te aparecerá pero sí se va a manifestar. Nunca lo verás, pero sí lo sentirás. Existirán dos opciones para ti: la primera es que te atormente hasta destruirte, tú lo invitaste y aceptó. Acabará con tu cuerpo y con tu espíritu, te proporcionará un gran dolor y tormento hasta matar tu cuerpo y condenar tu espíritu.

La segunda opción, te va a pervertir a tal grado que te convertirá en un ser terrenal malvado que va provocando dolor y sufrimiento a los demás. Envenenará tu espíritu para después arrastrarlo al lago de fuego y azufre. Si esta es tu intención invocar a un demonio, piénsalo dos veces: no te lo aconsejo.

El siguiente punto que tenemos que analizar es la disyuntiva de qué religión o cultura con concepto de ángeles y demonios tiene la razón. Veamos. Las tres religiones que más ángeles y demonios tienen en su historia son el judaísmo, el cristianismo, y el islam. Las tres tienen categorías diferentes y conceptos diferentes, la pregunta es: ¿cuál de las tres tiene la verdad de estos seres? La respuesta es: las tres. Esto se debe a que no existe ninguna prueba que nos lleve a la verdad absoluta. En todos los libros que componen la historia de cada una de las creencias no se ha podido comprobar nada. No hay rastros ni marcas. La conclusión es que debes de basarte en lo que tu creencia dice y tendrás esa verdad: tu verdad.

Hemos hecho todo un estudio de ángeles y demonios: cómo actúan, cómo son, a quién obedecen y, lo más importante, su misión. Todo se centra en un solo concepto: una lucha continua de la bondad contra la maldad. En este punto nos debemos centrar, ya que la historia del hombre, y hoy en día, lo que más reina en el mundo terrenal es la bondad contra la maldad. Estamos en un mundo de opresores y oprimidos, verdades y mentiras, mientras unos buscan la riqueza y el placer otros solo buscan sobrevivir.

Cuando Dios expulsó a los demonios del cielo, erradicó la maldad, pero los mandó a la tierra. Con el paso de los años, esa maldad ha crecido entre los humanos. Echemos un vistazo: hemos creados armas de destrucción masiva, provocado crisis de alimento y agua, creado virus mortales para matar gente y disminuir la población. En algunos países, han crecido las bandas de criminales o carteles de la droga que extorsionan, matan, vandalizan. Los gobiernos crean pobres para ellos ser ricos. Hemos contaminado el agua y el cielo, destruido bosques y acabado con alrgunas especies de animales. Así puedo seguir poniendo muchos ejemplos, pero la pregunta a todas estas acciones es, ¿estamos conscientes de dónde estamos y a dónde vamos?

Te aseguro que muchos ni lo han pensado. Debemos de darnos cuenta que nuestra esencia es la de un ser espiritual dentro de un cuerpo físico en un plano terrenal. Ese cuerpo tiene una fecha de caducidad y el día que llegue el vencimiento, ese cuerpo morirá. En ese momento, el espíritu quedará fuera del cuerpo, todo lo que lleva son sensaciones, emociones y sentimientos. Ese ente no tiene la capacidad de llevarse absolutamente nada terrenal. Todo se queda: tu casa, tu dinero, tu coche, tu poder, tus lujos, tus placeres, tu dolores, etc.

En este momento surge una gran duda, ¿para qué buscar riqueza y poder durante 60 o 70 años si todo lo perderás? Te daré un ejemplo: imagínate que alguien te da un gran sótano y te dice que es para que lo llenes de riquezas, pero que dentro de 60 años ese lugar será destruido. Inicias tu labor que con el tiempo se vuelve una obsesión tan fuerte que se te olvida que será destruido. Después de 60 años de luchar por atesorar estas feliz. Tú tienes 78 años, estás cansado, un poco enfermo, pero feliz por el gran tesoro que posees. Esa noche mientras duermes se escucha una explosión, sales corriendo y encuentras tu bóveda en llamas. Todo se perdió. Después de 60 años atesorando, ahora tienes menos que cuando comenzaste.

Lo mismo pasa con los humanos, nacemos en un cuerpo que no tiene nada; es un espíritu con un cuerpo nuevo. Después de muchos años, resulta que ese cuerpo está viejo, cansado, enfermo y se percata que ya va a morir, pero ese viejo cuerpo conserva el espíritu idéntico que cuando comenzó. Pero hay una diferencia: si en tu vida fuiste bueno, bondadoso, cordial, llevarás un espíritu que has premiado con la presencia de Dios. Por el contrario, si el atesorar y tu ansia de poder te llevaron a hacer avaro, egoísta, ambicioso y sacrificaste gente por tu obsesión de poder y riqueza, habrás condenado tu espíritu a la oscuridad, al lago de fuego azufre, en compañía de Lucifer y sus demonios.

Alejandro Ignacio Castro Baz

Referencias

Amorth (2020). Aléjate satanás. Ediciones paulinas, México.

Enoc (2022). *El libro de Enoc*. Editorial Planeta, México.

Fray Benigno (2017). *Nuestra batalla contra el mal*. Ediciones paulinas, México.

Rodríguez Castro, S. (1999). *Diccionario etimológico griego-latín del español*. Editorial esfinge, Naucalpan, México.

Ruiter, R. (2018). *El anticristo (poder oculto detrás del nuevo orden mundial*. Ediciones paulinas, México.

www.ingramcontent.com/pod-product-compliance
Lightning Source LLC
LaVergne TN
LVHW091224150826
845673LV00003B/993

* 9 7 8 6 1 2 5 1 6 0 8 6 7 *